Edition Maritim

Bernd-Wilfried Kießler

Die Saône

Corre - Lyon

Edition Maritim

Autor und Verlag übernehmen für Irrtümer, Fehler oder Weglassungen keinerlei Gewährleistung oder Haftung. Die Pläne dienen zur Orientierung und nicht zur Navigation; sie ersetzen also keineswegs offizielle Schiffahrtskarten.

Impressum

Die Deutsche Bibliothek – CIP-Einheitsaufnahme
Kießler, Bernd-Wilfried:
Die Saône: Corre-Lyon / Bernd-Wilfried Kießler. –
Hamburg : Ed. Maritim, 1997
(Führer für Binnengewässer)
ISBN 3-89225-363-3

Raboisen 8, 20095 Hamburg

Umschlag: Buchholz/Hinsch/Hensinger, Hamburg
Satz: Utesch GmbH, Hamburg
Fotos: Bernd-Wilfried Kießler, Echterdingen
bis auf Titelfoto: Ellen Ersing, Echterdingen
Lithografie Farbfotos: Winzer, Griebel & Graser, Hamburg
Lithografie S/W-Fotos: Utesch GmbH, Hamburg
Karten: Oliver Mokhlis, Stuttgart
Druck und Bindung: Media-Print, Paderborn

Titelfoto: bei Rupt-sur-Saône

Printed in Germany 1997
1. Auflage
ISBN 3-89225-363-3

Inhalt

Einleitung

Die Saône zählt – namentlich auf ihrem oberen Lauf – zu einem der schönsten Bootsreviere in Europa. Sie windet sich durch ein weites Tal in den südlichen Ausläufern der Vogesen. Flußstrecken wechseln mit Kanälen ab, die zu Schleusen führen, zwei Tunnel sorgen für zusätzliche abenteuerliche Gefühle. Bis zum Städtchen Auxonne gibt es auf rund 150 Kilometern 19 Schleusen der alten Art. Sie sind um die 40 Meter lang und erlauben außer Sportbooten nur den traditionellen französischen Lastkähnen die Durchfahrt. Wer pro Tag zwei oder drei dieser Pénichen trifft, hat Glück. Ansonsten sind die Charterboote und zum Mittelmeer oder zurück strebende Segel- und Motoryachten hier unter sich.

Unterhalb von Auxonne, wenn der Fluß sich weiter durch die selbstgeschaffene Ebene fruchtbaren Schwemmlandes mäandert, muß auch mit Großschiffahrt gerechnet werden, die vom Mittelmeer die Rhône aufwärts und von der Saône-Mündung in Lyon durch fünf Schleusen mit den Maßen 185 mal 12 Meter hierher gelangen kann. Weil es aber mitten in Burgund keine Großindustrie mit entsprechendem Frachtbedarf gibt, sind die großen Schiffe noch seltener als die Pénichen. Der ausgebaute Fluß wird breiter und damit zwischen den Städten langweiliger. Zudem braucht es zum Anlegen feste Kais oder Schwimmstege, während auf dem Oberlauf auch problemlos im Grünen beinahe überall am Ufer festgemacht werden kann.

Die Saône ist insgesamt etwas über 482 Kilometer lang. Sie entspringt südwestlich von Épinal und mündet mitten in Lyon in die Rhône. Offiziell sind 406 Kilometer ab Corre talwärts schiffbar, wo der Canal de l'Est von den Vogesen herabsteigt. Diese Einteilung, die von der Mündung flußaufwärts gezählt wird, folgt jedoch dem alten Flußlauf, der im Laufe der Zeit durch zahlreiche Durchstiche verkürzt worden ist. Die Länge der Fahrrinne wird derzeit mit 365 Kilometern angegeben.

Vorteile einer Flußfahrt

Die Bootsfahrt auf einem Fluß hat gegenüber künstlich angelegten Kanälen mehrere Vorteile. Da ist einmal der ganz praktische der größeren Breite, was Anfängern das Steuern erleichtert

und bei Gegenverkehr keinerlei Ängste aufkommen läßt. Selbst Kinder, die immer gern ans Ruder wollen und dies unter Aufsicht eines Erwachsenen auch dürfen, können hier problemlos das Gefühl einstudieren, wie ein Schiff der kleinsten Bewegung des Steuerrades folgt.
Natürlich sind die Ufer eines Flusses abwechslungsreicher als die eines gegrabenen Kanals, der zudem oft kilometerlang wie mit dem Lineal durch die Landschaft gezogen worden ist. Weil die Menschen sich seit alters her an den Flußufern niedergelassen haben, führt die Reise an vielen Dörfern und Städten vorbei, die einen Landgang wert sind. Demgegenüber ist auf Kanälen mitunter stundenlang keine größere menschliche Ansiedlung aus der Nähe zu erblicken, und selbst die notwendigsten frischen Versorgungsgüter müssen manchmal per Fahrrad über kilometerlange Feldwege herangeschafft werden.
Dergleichen hat zweifellos auch seine Reize, ist auf der Saône

Charterboot bei Soing

aber unnötig: Pro Tagesetappe stehen zur Versorgung am Oberlauf mehrere Orte zur Wahl, und auch am Unterlauf liegen die möglichen Anlegeplätze nicht mehr als einige Stunden Fahrt auseinander, so daß auf keinem Boot Hunger oder Durst überhand nehmen können.
Keine Angst braucht man auf den durch Schleusen aufgestauten französischen Flüssen vor der Strömung zu haben. Wenn nicht gerade Hochwasser herrscht, zieht das Wasser träge dahin. Man bemerkt es bestenfalls beim Anlegen, bei dem man sich sinnvollerweise gegen Strömung und Wind dem Ufer nähert. Der Grund ist klar: Wenn man vom Bug aus die Vorleine ausgebracht hat, wird das Heck von ganz allein zum Steg oder dem natürlichen Anlegeplatz gedrückt. Die Preisfrage, wie denn zu verfahren sei, wenn Wind und Wasser entgegengesetzt arbeiten, ist nicht schwer zu beantworten: Angelegt wird in diesem Fall gegen die stärkere Kraft.
Wegen der größeren landschaftlichen Vielfalt und dem Erhalt des traditionellen Ausbaus des Flusses haben sich die meisten Charterfirmen am Oberlauf der Saône oder am Schnittpunkt

Péniche bei Port-sur-Saône

zwischen beiden Ausbaustufen angesiedelt. Man könnte guten Gewissens sagen, daß eine Hausbootreise unterhalb von Chalon-sur-Saône eher uninteressant wäre, gäbe es da nicht den kleinen, aber feinen Nebenfluß Seille. Hier ist nicht nur Natur pur und Badewassergüte zu finden. Die Häfen an der Seille taugen auch als Wechselbasen für Einwegstrecken und als Ausgangspunkt für Städtetouren: Kulturgeschichtliche Perlen ziehen sich draußen auf dem Saône-Strom im Abstand von Tagesreisen entlang, der Süden wird an der Vegetation und der Architektur spürbar. Über die Kochkunst – die Küche von Monsieur Bocuse liegt kurz vor Lyon unmittelbar an der Wasserstraße – gibt es auch weiter nördlich keine Klagen.

Abstecher in Kanäle

Wer gern einmal einen Abstecher in einen Kanal machen möchte, hat dazu auf der Saône an mehreren Stellen Gelegenheit. Am Beginn der Schiffbarkeit ist der Fluß mit dem schleusenreichen Südabschnitt des Canal de l'Est verbunden. Bei Heuilly kann man in den wenig befahrenen Canal de la Marne à la Saône einbiegen. Kurz vor St. Jean-de-Losne geht es in den Rhein-Rhône-Kanal Richtung Dôle, mitten in diesem Binnen-

Port-sur-Saône

schiffahrtskreuz, unmittelbar neben der Hafeneinfahrt, befindet sich die erste Schleuse des Canal de Bourgogne nach Dijon. Oberhalb von Chalon-sur-Saône zweigt der Canal du Centre ab, allesamt friedliche Wasserwege durch entlegene Landstriche. Sogar am Unterlauf gibt es mit dem dreieinhalb Kilometer langen Stichkanal nach Pont-de-Vaux die Möglichkeit, eine künstliche Wasserstraße mit traditionellen Ausmaßen zu befahren. Um die möglichen Abstecher vollständig zu machen: An der Doubs-Mündung mit der lebendigen Ortschaft Verdun kann man diesen Nebenfluß rund zehn Kilometer aufwärts tuckern. Er wird hier zum Zwecke des Kiesabbaus schiffbar gehalten.

Welches Boot für wen?

Diese Frage stellt sich für die Kapitäne auf Zeit, die durch ihre große Zahl zum Erhalt und streckenweise sogar zur Wiederherstellung des französischen Wasserstraßennetzes beitragen.
Zunächst einmal: Wer einmal einen vollbeladenen Lastkahn tief im Wasser liegen sah, der weiß, daß ein Binnenschiff keine hohen Bordwände braucht. Denn selbst wenn es auf dem breiten Unterlauf der Saône einmal etwas unruhig wird – Seegang gibt es auf Flüssen und Kanälen nicht. Zwar sieht ein hochbordiges Schiff einer stolzen seetüchtigen Yacht ähnlich, aber niedrige Rümpfe sind sehr viel praktischer. Sie erleichtern das Ein- und Aussteigen, vom Bergen eines unfreiwillig baden Gegangenen ganz zu schweigen.
Das Leben auf einer Ebene auf den älteren Modellen hat viele Vorteile, zum Beispiel gibt es keine Stolperfallen. Diese liebevoll „Badewannen" genannten Bootstypen stammen ursprünglich von den englischen Norfolk Broads und verdanken ihre niedrige Bauweise einigen dortigen Brücken mit geringer lichter Höhe unter den Bögen. Der Steuerstand ganz vorn im Salon hat Vor- und Nachteile. Zum einen sitzt der Rudergänger mitten zwischen den Mitreisenden, hat den Freisitz am Bug im Blick und ist bei Anlege- und Schleusenmanövern mit zwei Schritten blitzschnell an der Vorleine. Zum anderen bedarf diese Steuerposition der Gewöhnung. Denn ein Schiff schwenkt bekanntlich hinten aus, wenn der Kurs geändert wird. In solchen Fällen hat man von einem Steuerstand in der Mitte oder am Heck die bessere Übersicht.

Die wiederum ist eingeschränkt bei der auch auf Hausbooten in Mode gekommenen Flying Bridge – einem offenen zweiten Steuerstand oben auf dem Deck. Die Rundumsicht ist zwar vorzüglich, die Aussicht noch besser. Aber wenn's eng wird, muß mitunter nach Gefühl gesteuert werden, da die Seiten des Rumpfes und manchmal auch der Bug nicht im Blick sind.

Es gibt nie genug Platz

Als weitere Frage erhebt sich die nach der Größe. Auch wenn das natürlich alles eine Preisfrage ist: Man buche nach Möglichkeit immer eine Nummer größer als nötig! Der Salon sollte abends nicht zum Schlafgemach umgebaut werden müssen, um unterschiedliche Schlafgewohnheiten nicht zu beeinträchtigen. Zudem sitzen alle buchstäblich in einem Boot – verglichen mit den Ausweichmöglichkeiten an Land in ungewohnter Enge. Da kommt es manchmal wegen Nichtigkeiten zu Reibereien, und bei mehr als einem Regentag droht der gefürchtete Bordkoller. Also sollte sich jeder an ein ruhiges Plätzchen zurückziehen können.

Weidende Rinder am Fluß

Die Vermietung von Charterbooten ist natürlich auch ein Geschäft, in dem mancher leichtes Geld zu machen gedenkt. Man kann nur staunen, was einem da unterwegs alles als Mietboot begegnet. Vor solchen unangenehmen Überraschungen kann man sich durch Buchung bei einem deutschen Spezialveranstalter schützen. Sie beraten aufgrund eigener Erfahrung, und ihre Kataloge informieren seriös – zum Beispiel über Nebenkosten. Gas zur Wärme und zum Kochen an Bord wird nirgendwo gesondert berechnet, wohl aber der Dieselkraftstoff. Hier scheiden sich die Geister: Manche Charterfirmen rechnen nach dem tatsächlichen Verbrauch ab, der bei der Rückgabe des Bootes gemessen wird. Andere verlangen einen Preis, der nach den Betriebsstunden geschätzt wird. Die letztere Methode benachteiligt diejenigen, die gemütlich im verbrauchsgünstigen Teillastbereich des Dieselmotors dahintuckern. Wer sich hier vor der Buchung gut informiert, kann in einer Woche das Geld für ein gutes Essen für die ganze Besatzung einsparen. Vergewissern Sie sich also vorher, wie der Treibstoff abgerechnet wird, und fragen Sie Ihre deutsche Agentur!

Der Autor hat bei Buchung und Beratung langjährige gute Erfahrungen gemacht mit den auf Ferien auf dem Wasser spezialisierten Firmen

Arns Charteryachten, Postfach 10 01 31, 42801 Remscheid, Telefon 02191/92 62 40, Fax 02191/238 03;

Bohn-Ferienbootcharter, Feichtmayrstr. 27, 76646 Bruchsal, Telefon 07251/883 70, Fax 07251/883 05;

Kuhnle Tours, Nagelstraße 4, 70182 Stuttgart, Telefon 0711/164 820, Fax 0711/164 82 60.

Erklärung der Symbole in den Karten

[Anker]	Marina/Sportboothafen	——	Straße
[Schleuse]	Schleuse	-----	Eisenbahn
[Brücke]	Brücke	[Nordpfeil]	Nordpfeil

Technische Daten zu den Wasserstraßen

Saône

Länge:	363 km
Schleusen:	insgesamt 24 15 Schleusen von Corre bis Gray: 41,00 x 5,20 m 4 Schleusen bis Auxonne: 40 x 8 m 5 Schleusen bis Lyon: 185 x 12 m
Tiefgang:	1,80 m von Corre bis Auxonne 3,00 m bis Lyon
Durchfahrtshöhe:	3,50 m
Geschwindigkeit:	von Corre bis Auxonne: 15 km/h bis Lyon: 30 km/h in den Schleusenkanälen: 6 km/h

Seille

Länge:	39 km
Schleusen:	4 Schleuse La Truchère: 38,50 x 5,20 m sonst: 30,40 x 5,17 m
Tiefgang:	1,30 m
Durchfahrtshöhe:	3,50 m
Geschwindigkeit:	10 km/h

Doubs-Mündung

Länge:	zirka 10 km
Schleusen:	keine
Tiefgang:	1,80 m
Durchfahrtshöhe:	3,50 m
Geschwindigkeit:	15 km/h, in Verdun-sur-le-Doubs: 12 km/h
Höchstmaß für Schiffe:	80 m Länge x 11,40 m Breite

Canal de Pont-de-Vaux

Länge:	3,7 km
Schleusen:	1; 38,50 x 5,20 m
Tiefgang:	1,20 m
Durchfahrtshöhe:	4,30 m
Geschwindigkeit:	6 km/h

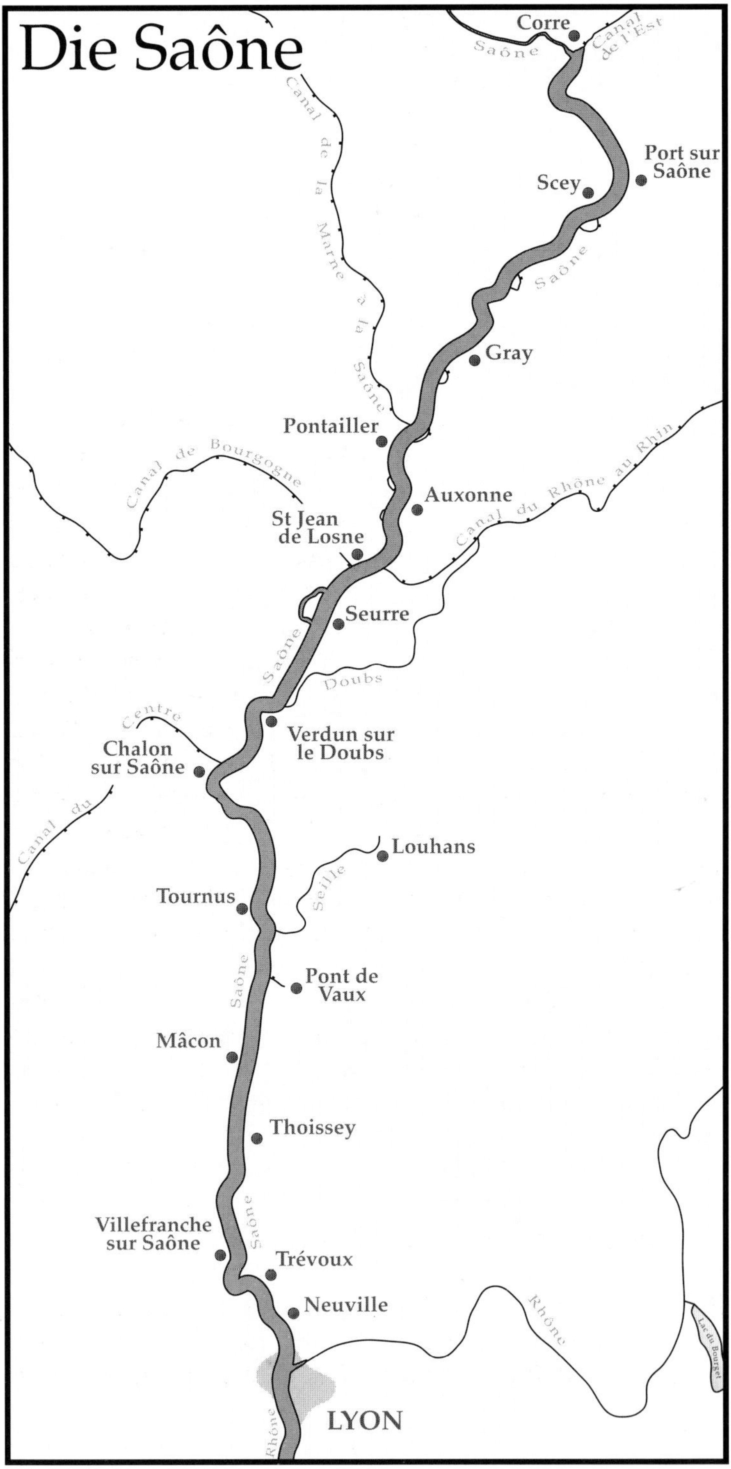
Die Saône
Corre
Saône
Canal de l'Est
Canal de la Marne à la Saône
Port sur Saône
Scey
Saône
Gray
Pontailler
Canal de Bourgogne
Auxonne
Canal du Rhône au Rhin
St Jean de Losne
Seurre
Saône
Doubs
Centre
Verdun sur le Doubs
Chalon sur Saône
Canal du
Louhans
Seille
Tournus
Pont de Vaux
Saône
Mâcon
Thoissey
Villefranche sur Saône
Saône
Trévoux
Neuville
Rhône
Lac du Bourget
LYON
Rhône

Die Saône

Unauffälliger Beginn

Der Beginn des schiffbaren Teils der Saône ist so unauffällig wie der Ort Corre, der sich von zahllosen französischen Dörfern in keiner Weise unterscheidet: mehr oder weniger geschmackvoll gestaltete Häuser mit vielen Nebengebäuden, die auf die landwirtschaftliche Vergangenheit zurückgehen, dazu die wesentlichen Einkaufsmöglichkeiten gegen Hunger und Durst an Bord und auch eine Dorfkneipe, in der es etwas zu essen gibt und die sich deshalb „Restaurant" nennen darf.

Seinen Bekanntheitsgrad verdankt Corre ausschließlich der Tatsache, daß hier der von dem Flüßchen Coney gespeiste Canal de l'Est in den Oberlauf der Saône übergeht. Auf der Landspitze zwischen dem Kanal mit der handbetriebenen Schleuse Nummer 46 und der träge dahinfließenden Saône wurde in den Jahre 1996 und 1997 ein weiträumiger Sportboothafen angelegt, dessen Einfahrt vom Fluß her ein wenig eng geraten ist.

Die Saône wendet sich unterhalb des Zusammenflusses mit dem Kanal in einem weiten Bogen von beinahe hundertachtzig Grad von Südost nach West. Dann geht es in rechtem Winkel nach Süden in den ersten Schleusenkanal von Ormoy. Wer meint, hier am Fuße der Vogesen in einer Mittelgebirgslandschaft unterwegs zu sein, der irrt. Die Saône hat sich ein breites, landwirtschaftlich genutztes Tal geschaffen. Die Menschen haben sich in alter Zeit auf einigen wenigen Erhebungen in Flußnähe angesiedelt, wo sie vor dem Hochwasser geschützt waren, so auch in Ormoy.

Unmittelbar am Ort zeugen zwei Einrichtungen von der Zeit, als es noch keine elektrisch betriebenen Waschmaschinen gab, und der Waschtag eine feste Einrichtung im Haushaltsablauf war: Am Ufer befinden sich steinerne Waschtröge. Die Arbeit dort trug zweifellos zum sozialen Leben, genannt Dorfklatsch, bei, aber auch zur Schädigung der Wirbelsäulen. Regensicher und mit klarem Quellwasser konnten die Textilien im ebenfalls erhaltenen Waschhaus gereinigt werden. Solche Waschhäuser sind in dieser Gegend in vielen Dörfern erhalten und werden als Baudenkmäler teilweise liebevoll gepflegt. Auch dort, wo es keine spektakulären Besichtigungsobjekte gibt, sind sie als architektonische Kleinodien einen Blick wert. Anlegen in Ormoy ist möglich. Es gibt an dem grasbewachsenen Ufer sogar Poller. Allerdings ist die Uferbefestigung teilweise eingefallen, so daß man sich sinnvollerweise mit Vorsicht nähere.

Die erste Schleuse

Die Schleusen auf dem Oberlauf der Saône sind alle automatisiert. Technisch hat man hier in den den letzten Jahren auf Bewährtes zurückgegriffen. Bei der Modernisierung hatte man ursprünglich Bewegungsmelder installiert, die offenbar recht anfällig und der feuchten Umgebung nicht immer gewachsen waren. Heutzutage hängen meist in Sichtweite der Schleusen Gummistangen über dem Wasser. Diese gilt es vom Boot aus zu ergreifen und kurz zu drehen. Wenn daraufhin an dem Schleusensignal ein zusätzlich angebrachtes gelbes Licht aufgeregt zu blinken beginnt, heißt das: Der Kontakt ist hergestellt und der automatische Schleusenvorgang eingeleitet. Das Signal springt von Rot auf Rot-Grün um, und entweder öffnen sich die Tore oder der Wasserstand in der Kammer wird zunächst ausgeglichen. Einfahren sollte man erst, wenn das Licht ausschließlich Grün zeigt.

Schleuse 1 Ormoy

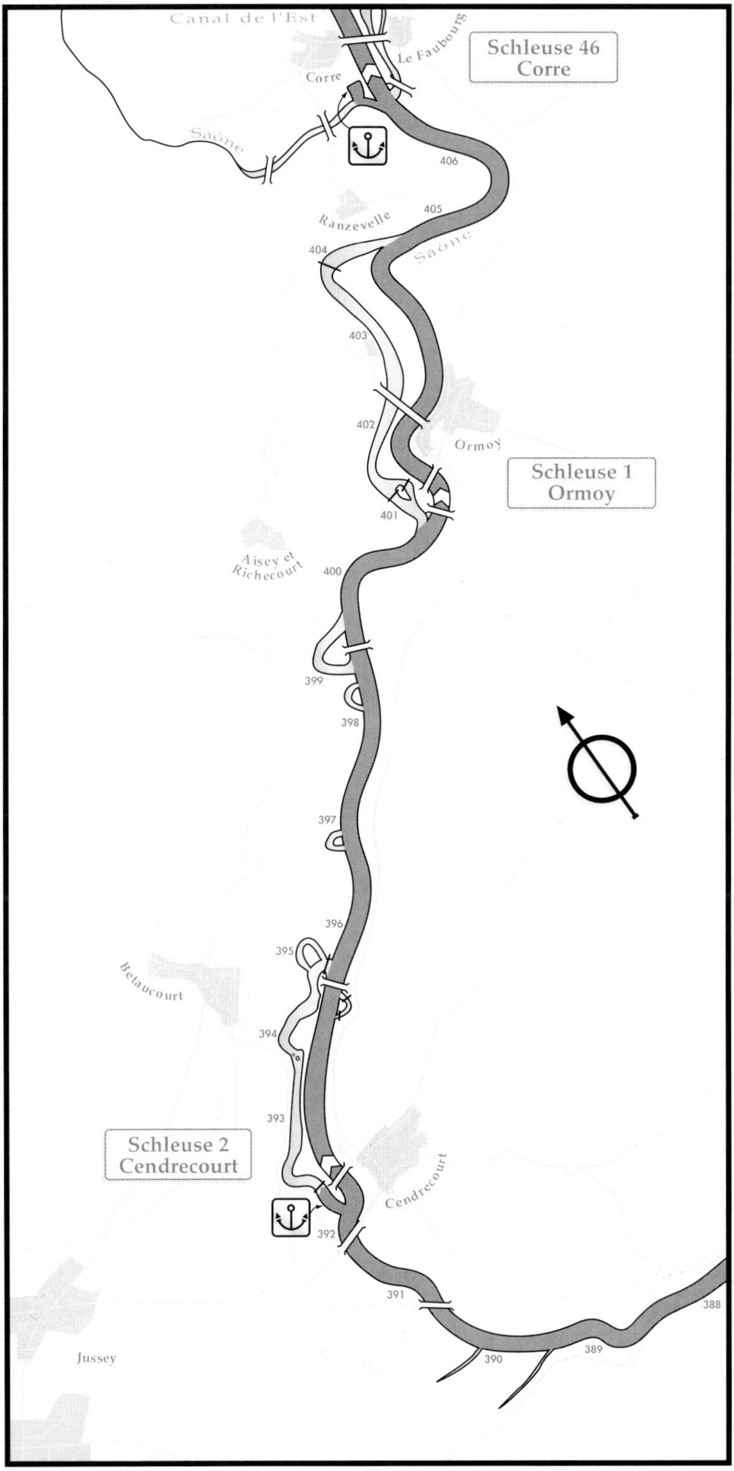
Canal de l'Est
Schleuse 46
Corre
Le Faubourg
Corre
Saône
406
405
Ranzevelle
Saône
404
403
402
Ormoy
Schleuse 1
Ormoy
401
Aisey et
Richecourt
400
399
398
397
396
395
Betaucourt
394
393
Schleuse 2
Cendrecourt
Cendrecourt
392
391
390
389
388
Jussey

Auf der gesamten Saône gibt es anstelle der Gummistangen noch einen einzigen Bewegungsmelder, der wie ein großes Radarauge auf den Fluß gerichtet ist. Er steht vor dem unteren Tor der Schleuse 1 von Ormoy. Wenn man stromauf langsam in etwa zehn Meter Entfernung vorbeifährt, wirkt das so, als habe man an der Stange gedreht: Das gelbe Lämpchen blinkt, es kommt Bewegung in die Schleuse. Ob dieser eine Bewegungsmelder als eine Art technisches Denkmal erhalten bleibt oder demnächst ersetzt wird, wird die Zukunft zeigen.
Die Anzahl der Schleusen auf dem oberen Teil der Saône ist überschaubar. Sie liegen so weit auseinander, daß sie eine hübsche Abwechslung sind. Jedenfalls sollte auch der Freizeitskipper den Ehrgeiz haben, seinen Kahn unbeschädigt durch die Tore und die hohen Wände zu bekommen. Dazu ein paar Tips.
Die Regel Nummer 1 kann man sich bei den Berufsschiffern abgucken: Zeitlupentempo bei Ein- und Ausfahrt! Denn wenn ein Bootsrumpf gegen Stein und Beton stößt, verliert er diesen Zweikampf meistens. Auch Fender, die sich in solchen Fällen dazwischenwerfen sollen, hängen nicht immer an der richtigen Stelle und können bei der Rückgabe des Bootes viel Geld kosten, wenn ihnen die Luft ausgegangen ist.

Schleusenstange für den automatischen Schleusenvorgang

Regel Nummer 2: Das Boot in der Schleuse wie sonst überall beim Anlegen an Vor- und Achterleine parallel zur Schleusenwand festmachen! Auch das dient der Sicherheit. Flußab ist dies eine der leichteren Übungen, weil man auf gleicher Höhe mit den Pollern ankommt und seine Leinen nur locker einmal herumschlingen muß. Niemals beim Abwärtsschleusen die Leinen belegen! Ich habe schon Menschen gesehen, deren Schiff bei sinkendem Wasser in bedrohlicher Schräglage an der Schleusenwand hing, und die beim verzweifelten Kappen der zum Zerreißen gespannten Leine ihren Geschirrvorrat an Bord zerdeppert haben, als sie den Wasserspiegel wieder erreichten. Richtigerweise hält man die Leinen frei in der Hand und läßt sie mit sinkendem Wasserstand entsprechend gleiten.
Aufwärts ist alles schwieriger. Um die Leinen auszubringen, muß ein Besatzungsmitglied die hohen Schleusenwände er-

Binnenschiff bei Conflandey

klimmen. In den Kammern sind zu diesem Zweck Leitern angebracht, die allerdings durch das steigende und fallende Wasser meist recht glitschig sind. Sicherer ist es, schon vor der Schleuse jemanden aussteigen zu lassen – entweder an der Böschung oder, falls vorhanden, an festen Stegen unmittelbar vor dem Tor.

Dann sind sportliche Menschen gefragt, die nach Art von Lassowerfern die Leinen nach oben befördern. Weniger aufregend ist es, die Leine mit Hilfe des Bootshakens hinaufzureichen, nachdem man das Ende an dem eigentlichen Haken mit einem einfach zu lösenden Knoten befestigt hat.

In den automatisierten Schleusen gilt es nun, eine blaue Stange seitlich an der Schleusenwand nach oben zu drücken. Das setzt voraus, daß man das Boot möglichst an dieser Seite der Kammer festgemacht hat. Man kann sie schon von weitem erkennen, denn dort steht meist das Haus, in dem einst der Schleusenwärter wohnte und dazu noch ein kleines Häuschen unmittelbar an der Schleuse. Von hier aus können Schieber und Tore auch auf Knopfdruck bedient werden, wenn die Automatik ihren Dienst versagt.

Um einen hilfreichen Bediensteten der französischen Wasserstraßenverwaltung zu diesem Zweck herbeizurufen, ist an diesen Häuschen eine Rufanlage angebracht. Grundkenntnisse der französischen Sprache sind im allgemeinen zur besseren Verständigung nicht nur in Fällen wie diesem von Nutzen.

Beim Aufwärtsschleusen strömt das Wasser in den Schleusen traditioneller Bauart mit großem Druck in die Kammer. Da gilt es, Vor- und Achterleine straff zu halten, damit das Boot nicht auf den Wogen zu tanzen beginnt und dabei die Schleusenwände unsanft berührt. Da der Wasserspiegel steigt und sich die Leinen laufend verkürzen, muß ständig nachgefaßt werden – keineswegs ein Kinderspiel.

Bei der Ausfahrt aus diesem Schleusentyp durchfährt das Schiff eine Lichtschranke. Kurze Zeit später ertönt eine warnende Klingel, und die Tore schließen sich wieder. Auf keinen Fall sollte man auf diesem Wege die Gummistange außerhalb der Schleuse drehen. Denn das würde der Automatik ein entgegenkommendes Schiff signalisieren und das ganze System durcheinanderbringen.

So wie in Ormoy befindet sich auch die Schleuse Nummer 2 von Cendrecourt am unteren Ende des Schleusenkanals. Am oberen Ende muß jeweils ein Sperrtor passiert werden, das bei Hochwasser geschlossen werden kann. Dann fließt die Saône ausschließlich in ihrem natürlichen Bett parallel zum Schleusenkanal und ergießt sich über Wehre, die oft in ihrer Höhe verändert werden können. Damit kann der Wasserstand eine gewisse Zeit in den Staustufen reguliert werden, ehe die Schiffahrt ganz eingestellt werden muß.

Die Ruhe des Wassers

Die Saône gilt als ruhiger Fluß. Sollte doch einmal nach langanhaltenden Regenfällen Hochwasser eintreten, haben es die Charterboote mit ihren gedrosselten Motoren sehr schwer. Wohl dem Freizeitskipper, der in einem solch seltenen Fall in einen der Kanäle ausweichen kann, die in der Einleitung aufgezählt sind! Sonst findet der Urlaub auf einem fest vertäuten Hausboot an einer Stelle statt.
Der Ort Cendrecourt liegt erhaben auf einem Hügel und wirkt

Blick auf Cendrecourt

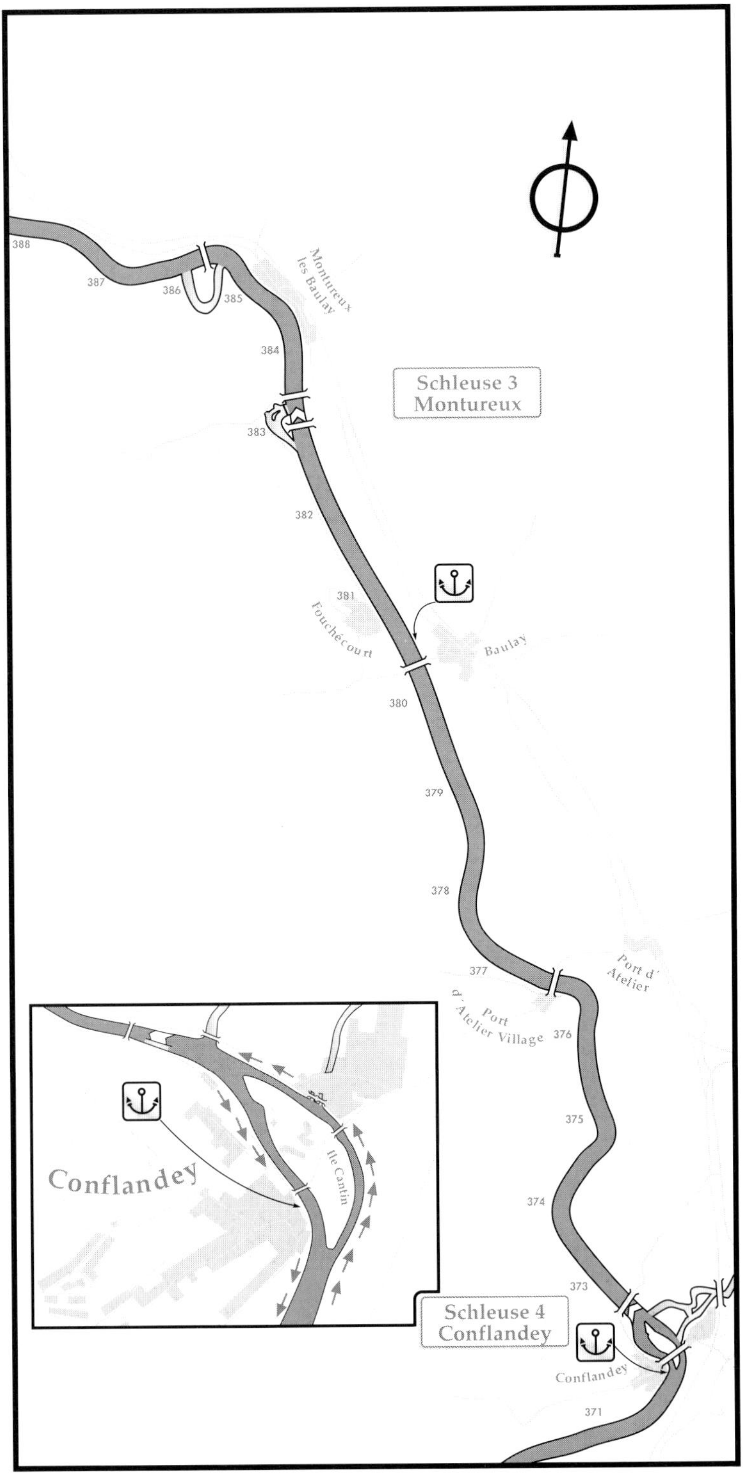

Schleuse 3
Montureux
Montureux
les Baulay
Fouchécourt
Baulay
Port d'
Atelier
Port
d'Atelier Village
Conflandey
Ile Cantin
Schleuse 4
Conflandey
Conflandey
388
387
386
385
384
383
382
381
380
379
378
377
376
375
374
373
371

stattlich, besitzt aber keinerlei Einkaufsmöglichkeiten. Die können in der etwas westlich gelegenen kleinen Stadt Jussey getätigt werden. Zu diesem Zweck muß man sich ausgangs des Schleusenkanals rechts halten und ein Stück den Flußlauf hinauftuckern. In Sichtweite wurde ein Anleger installiert. Von hier sind es rund drei Kilometer bis Jussey.
Fahrräder an Bord sind in solchen Fällen hilfreich, denn sie erweitern hier und anderswo den Horizont und die Einkaufsmöglichkeiten. Wer sparen will oder muß, kann auf der Saône im Gegensatz zu manchem Kanal auf das Mieten eines Fahrrads an der Charterbasis verzichten. Denn der Fluß ist ein historischer Handelsweg mit vielen Ansiedlungen unterwegs, die zum Teil unmittelbar durchquert werden. Da lassen sich Besichtigungen und Einkäufe gut zu Fuß erledigen. Bei Kanälen, die manchmal quer in die Landschaft geplant wurden, sieht das mitunter anders aus.
Etwa einen Kilometer unterhalb der Schleuse kreuzt eine Eisenbahnbrücke den Fluß. Das wird hier erwähnt, weil die Bahn von nun an bis zur Stadt Port-sur-Saône oft in Sichtweite, immer aber in Hörweite bleibt. Das ist aber nicht sonderlich

Montureux les Baulay

störend, weil sich der Zugverkehr in Grenzen hält und die Schienen meist gebührenden Abstand von der Wasserstraße halten. Die Planer hatten dabei wahrscheinlich auch die Hochwassergefahr im Auge.
Lediglich an einer Stelle, etwa sechs Kilometer unterhalb der genannten Brücke, kommt der erhöhte Bahndamm unmittelbar an den Fluß heran. Hier wird man klugerweise nicht gerade zur Nacht anlegen, weil das Geräusch der vorbeibrausenden Züge dem Schlaf nicht eben dienlich ist.
Als nächstes kommt am Ostufer ein langgestrecktes Dorf in Sicht, recht ruhig und ohne Einkaufsmöglichkeiten. Nahe am Fluß steht ein einst prächtiges Herrenhaus, an dem leider der Zahn der Zeit kräftig genagt hat. Dazu gehört eine besser erhaltene Kapelle mit farbenprächtigem Dach. Solche Dächer mit bunten glasierten Ziegeln begleiten einen die Saône flußab.
Die folgende Schleuse Nummer 3 von Montureux besitzt nur einen ganz kurzen Kanal ohne oberes Sperrtor. An dessen Einfahrt ist rechter Hand das Wehr in Sichtweite, neben ihm steht das gepflegte Haus des Wehrwärters. Neben den Schleusen-

Frachtschiff auf der Saône

wärtern hatte und hat dieser Berufsstand für eine gedeihliche Schiffahrt zu sorgen, da ihm die Regulierung des Wasserstandes obliegt.
Im Gegensatz zur Aussage auf den meisten Flußkarten befinden sich die Stangen zur Bedienung der Schleuse 3 an der westlichen Kammerwand. Das ist recht erstaunlich, weil sie sonst auf der Seite angeordnet sind, wo der frühere Treidelpfad lief. Der aber verläuft auf diesem Teilstück der Saône auf dem Ostufer. Heutzutage ist dieser Weg über weite Strecken zugewachsen. Sein Verlauf ist aber daran zu erkennen, daß das jeweilige Ufer besser befestigt ist. Wenn es so etwas wie eine Fahrrinne gibt, die nur für beladene Lastkähne und Segelboote mit tiefgehendem Kiel wichtig ist, dann liegt sie näher zum ehemaligen Treidelpfadufer hin.
Motorisierter Transport kam auf den französischen Binnenwasserstraßen erst in den dreißiger Jahren auf. Die Mehrheit der Péniches, wie die rund 38,5 Meter langen typischen Binnenschiffe heißen, wurde auch nach dem Krieg noch getreidelt.

Schiffahrt mit Menschenkraft

Ganz arme Schiffer zogen ihre Lastkähne selbst, und es ist kaum zu glauben, daß ein einzelner Mensch so etwas vermag. Es geht aber, wenn sich das träge Wasserfahrzeug erst einmal in Bewegung gesetzt hat, freilich nur auf Kanälen ohne Strömung oder mit der Richtung des gemächlich dahinfließenden Wassers. Übliche Zugtiere waren Pferde oder die zähen Maultiere. Später wurden an vielen französischen Wasserwegen Schienen verlegt und die Frachtschiffe von kleinen Elektrolokomotiven gezogen. Mit den von Dieselmotoren getriebenen Schrauben kam nicht nur der Fortschritt zu den Schiffern: Die Propeller wühlten das mit Lehm und Kies befestigte Bett der Kanäle auf. Wasserverlust durch mangelnde Dichtigkeit ist die Folge – an einem Fluß wie der Saône kein Problem, wohl aber bei manchem Kanal mit knapper Speisung durch kleinere Wasserläufe.
Der nächste Orientierungspunkt ist die Brücke von Baulay. Hier hat die Gemeinde zur Ankurbelung der örtlichen Lebensmittelläden einen Anlegesteg gebaut. Was nicht geplant war: Weil im Dorf wohl nicht das Meiste los ist, haben sich Brücke und

Steg zum Treffpunkt für die leicht, aber laut motorisierte Jugend entwickelt.
Ein Anleger ähnlicher Bauart befindet sich unterhalb der nächsten Schleuse von Conflandey. Diese Schleuse ist ohne jeden Kanal unmittelbar neben dem Wehr angeordnet, was bei erhöhtem Wasserstand und stärkerer Strömung bedeutet, daß man sich dicht unter dem östlichen Ufer halten muß, um nicht unversehens über die Sperre gezogen zu werden.
Auch unterhalb der Schleuse droht bei Hochwasser Ungemach: Dort mündet nämlich der Nebenfluß Lanterne, von einem fein genieteten eisernen Steg überquert. Seine starke Strömung drückt bergwärts fahrende Schiffe von der Einfahrt in die Schleuse weg in die steinigen Untiefen unterhalb des Wehrs. Bei normalem Wasserstand ist von alledem freilich nichts zu spüren.

Inseln und Schlösser

Die Saône bildet auf der Höhe von Conflandey eine Insel, auf der sich im Schatten alter Bäume ein Schloß erhebt. Die Schifffahrt führt jeweils einspurig an der Insel vorbei. Der genannte

An der Schleuse Conflandey

Anleger befindet sich an einem Campingplatz, der von dem am Fluß liegenden Restaurant betrieben wird. Wasser fassen ist schwierig, denn die Zapfhähne sind zu weit vom Landungssteg entfernt, als daß sie mit den an Bord mitgeführten Schläuchen zu erreichen wären. Außer der Gaststätte mit dem traditionsreichen Namen eines Pariser Vergnügungslokals gibt es in dem ländlichen Ort keine Einkaufsmöglichkeiten.
Das sieht in dem etwa acht Kilometer flußabwärts gelegenen quicklebendigen Städtchen Port-sur-Saône völlig anders aus. Hier kreuzt von alters her die Fernstraße Basel–Paris den Fluß, heutzutage in Gestalt der Route Nationale Nummer 19. Der lebhafte Autoverkehr einschließlich der über die Brücken donnernden schweren Laster macht einen Spaziergang in der Hauptgeschäftsstraße nicht eben zu einem uneingeschränkten Vergnügen. Einige Restaurants mittlerer Güte stehen zur Auswahl. An einer Hauswand hat man in einem Fresko in kühner Mischung einige tatsächliche oder vermeintliche Wohltäter der Menschheit verewigt. Kostenloses Anlegen ist unterhalb der Brücke auf der östlichen Seite gut möglich. Zuvor zwängt sich der rund zweieinhalb Kilometer lange Schleusenkanal recht

Port-sur-Saône

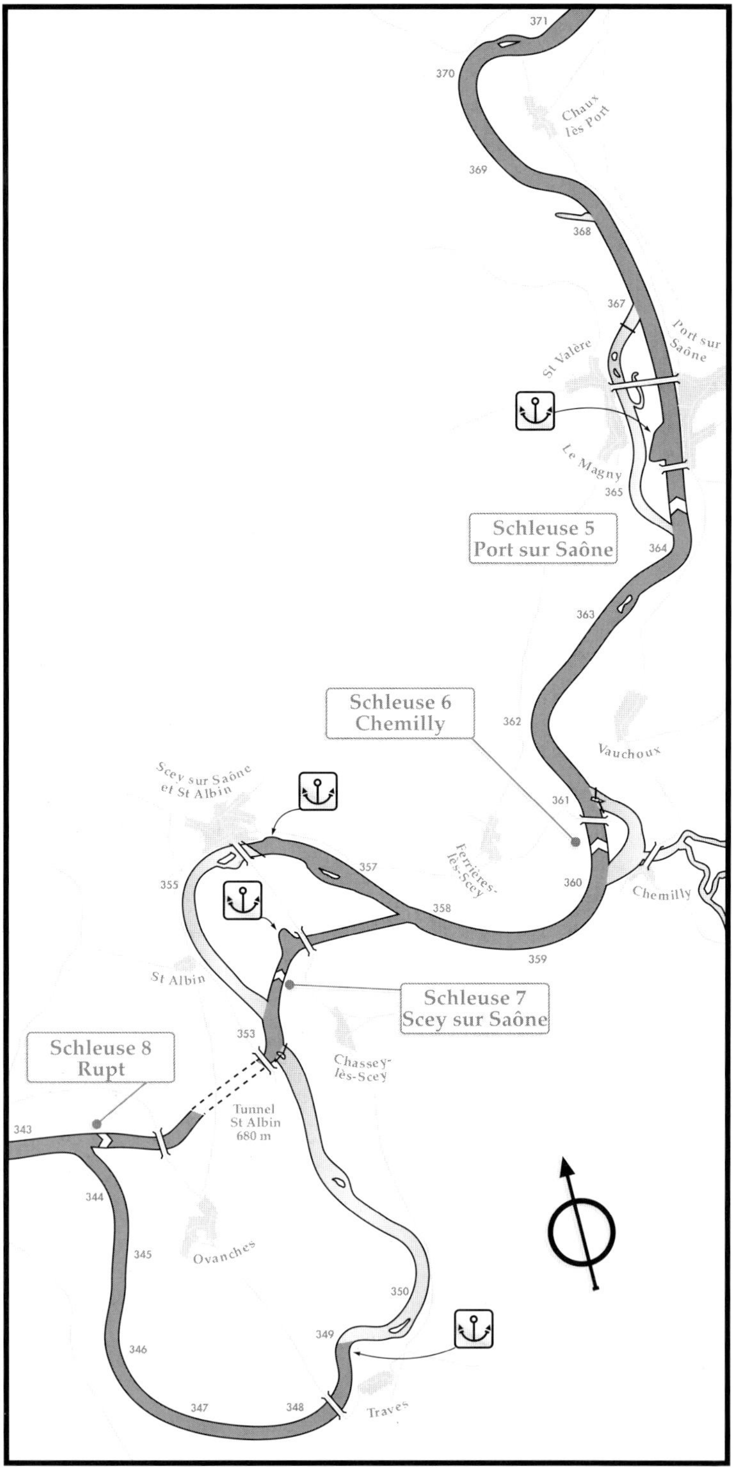

371
370
Chaux lès Port
369
368
367
Port sur Saône
St Valère
Le Magny
365
Schleuse 5
Port sur Saône
364
363
Schleuse 6
Chemilly
362
Vauchoux
361
Scey sur Saône et St Albin
357
Ferrières-lès-Scey
360
Chemilly
355
358
359
St Albin
Schleuse 7
Scey sur Saône
353
Schleuse 8
Rupt
Chassey-lès-Scey
Tunnel
St Albin
680 m
343
344
345
Ovanches
350
349
346
347
348
Traves

eng und unübersichtlich unter der Brücke hindurch: Langsame Fahrt und höchste Aufmerksamkeit ist zwingend notwendig, um nicht mit Gegenkommern in Konflikt zu geraten. Weiter abwärts öffnet sich der Kanal zu einem Sportboothafen mit allen Versorgungsmöglichkeiten.
Unterhalb der Schleuse Nummer 5 von Port-sur-Saône vereinigen sich Fluß und Kanal bis zum kurzen Schleusenkanal der nächsten Kammer von Chemilly. Sie hat die geringe Hubhöhe von weniger als einem Meter und ist daher ideal für Anfänger auf dem Wasser, die ihre Reise auf der Bootsbasis in Scey-sur-Saône beginnen.

Zwei Wege zur Wahl

Das ist der nächste Ort den Fluß hinab, und vor dem Sperrtor an der Einfahrt zum Schleusenkanal muß man sich entscheiden, auf welchem Weg man ihn besuchen will. Es gibt zwei Möglichkeiten: Man hält sich westlich und folgt dem Flußlauf etwa zwei Kilometer bis kurz vor ein Wehr.
Hier gibt es einen Anleger, von dem aus es nur ein paar Schritte in den Ort mit Einkaufsmöglichkeiten und Restaurants sind. Unmittelbar neben diesem Liegeplatz befindet sich ein Campingplatz sowie ein Slip. Im Sommer muß hier also mit allerlei kleineren Wasserfahrzeugen gerechnet werden. Obendrein ist dieser Flußabschnitt zum Wasserskilaufen freigegeben, das sich in Frankreich einer gewissen Beliebtheit erfreut.
Die zweite Möglichkeit führt durch den Durchstich geradeaus an einem Sandladeplatz vorbei. Hinter einer Brücke öffnet sich ein ausgedehntes Hafenbecken mit Schwimmstegen und dem Sitz einer Charterfirma, die sogar einen Kran aufgestellt hat. Damit werden die Boote zu Reparaturen an Land und ins Winterlager gehievt. Wasser bunkern und Duschen kosten hier natürlich Geld und Liegen über Nacht auch. Die Ufer des ehemaligen Frachthafens sind schön angelegt – umso unverständlicher, daß auf einem Nachbargrundstück in Sichtweite Bauschutt abgeladen werden darf. Neben der Landstraße, auf der man nach etwa einem Kilometer in Scey ist, führt ein rund ein Kilometer langer Weg für Fußgänger und Radfahrer in den recht weitläufigen Ort.

Das Abenteuer Tunnel

Kurz nach dem Hafen, in Sichtweite der Schleuse Nummer 7, heißt es, die über dem Wasser hängende Stange zu ergreifen und zu drehen. Unterhalb der Schleuse kommt nicht nur der Flußlauf in Sicht, um sich schon nach wenigen Metern wieder über ein Wehr zu verabschieden. Auch die Einfahrt in den ersten von zwei Tunneln auf der Saône ist zu sehen. Die Durchfahrt ist durch eine Signalanlage mit rotem und grünem Licht geregelt und wird von der jenseits gelegenen bemannten Schleuse Nummer 8 von Rupt gesteuert.
Unter der Brücke vor der Tunneleinfahrt ist eine Videokamera angebracht. Über sie kann der Schleusenwärter verfolgen, ob ein Schiff auch wirklich in den Tunnel einfährt, dessen Ausfahrt aus der Schleuse von Scey ihm per Kontrollampe angezeigt worden ist. Im Tunnel, der nach dem nahegelegenen kleinen Dorf St. Albin benannt ist, gibt es keinen Treidelpfad und keine Schienen. Stattdessen sieht man an den Wänden die Reste von Eisenketten. Vor der Motorisierung der Lastkähne mußten diese

Schleuse Scey-sur-Saône

von kräftigen Fäusten durch den 680 Meter langen schnurgeraden Tunnel gezogen werden.
Die Zugtiere, sofern sie nicht aufs Schiff verladen wurden, konnten über gut ausgebaute Treppen über den Berg geführt werden. Im Tunnel gibt es eine nicht sonderlich helle Beleuchtung. Außerdem ist das Einschalten eines Bordscheinwerfers vorgeschrieben. Er dient der Sicherheit vor allem dann, wenn die Signalanlage kurzfristig ausgefallen ist oder übersehen wurde.
In solch einem seltenen Fall ist an der Tunneleinfahrt ein engegenkommendes Schiff sofort zu bemerken, wenn man in die Röhre hineinblickt. Dann heißt es volle Fahrt zurück und am Ufer solange festmachen, bis der Gegenkommer vorbei ist. Am unteren Ende des Tunnels kann so etwas schwierig werden, weil die Strecke vor der Einfahrt eng ist und nur einspurig befahren werden kann. Da sich viele Motorboote rückwärts nur schwer lenken lassen, geschieht ein solches Zurücksetzen am besten, in dem man Vor- und Achterleine ausbringt und sich mit langsamer Fahrt rückwärts von zwei an Land gesetzten Besatzungsmitgliedern ziehen und dirigieren läßt.
Unmittelbar neben der bemannten Schleuse Nummer 8, deren Tore und Schieber der Wärter per Knopfdruck in Gang setzt, ist

Tunnel St. Albin

ein altes Trockendock zu sehen. Hier können Schiffe bis zur Größe einer Péniche einfahren und Schäden unterhalb der Wasserlinie beheben. Die Handhabung des Docks an dieser Stelle ist vergleichsweise einfach, denn es wird oberhalb der Schleuse vom Kanal her geflutet, und das Wasser wird nach unten abgelassen, damit die Kammer trockenfällt. Unterhalb der Schleuse geht es geradeaus den Fluß hinab.

Vielfältige Vogelwelt

Es lohnt sich, auch einmal einen Abstecher in die Altarme ohne Durchgangsverkehr zu machen. Diese Strecken sind meist zu beiden Seiten sehr malerisch bewachsen, allerdings halte man sich am besten in der Mitte des Flusses, da durch die fehlende Berufsschiffahrt die Pflege der Ufer mangelhaft ist und oft umgestürzte Bäume weit ins Wasser hineinragen. Die Vogelwelt fühlt sich hier weniger gestört als anderswo. Außer den bekannten Stockenten, Schwänen und Bleßhühnern sind auf der Saône noch andere, seltenere Vogelarten zu beobachten.

Rupt-sur-Saône

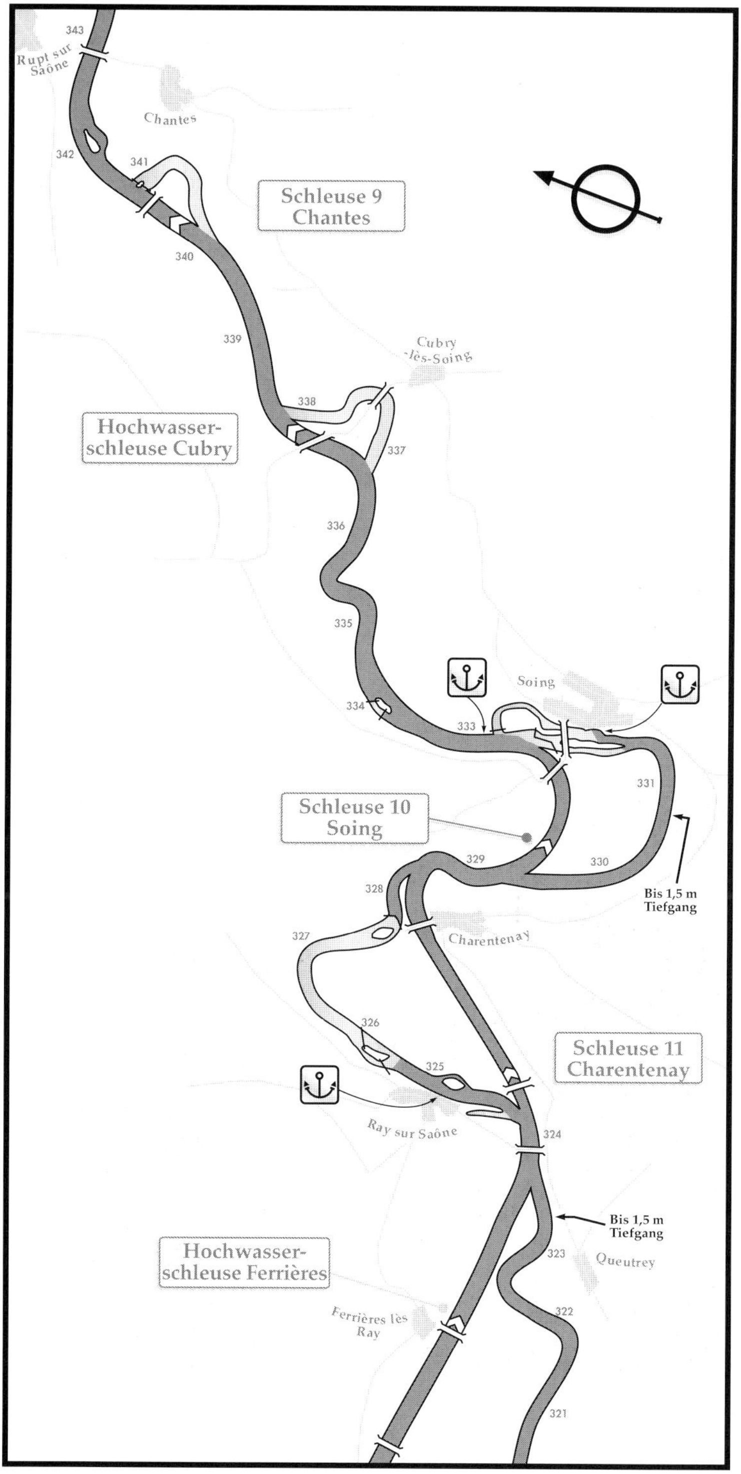
343
Rupt sur Saône
Chantes
342
341
Schleuse 9
Chantes
340
339
Cubry
-lès-Soing
338
Hochwasser-
schleuse Cubry
337
336
335
Soing
334
333
331
Schleuse 10
Soing
329
330
328
Bis 1,5 m
Tiefgang
327
Charentenay
326
Schleuse 11
Charentenay
325
Ray sur Saône
324
Bis 1,5 m
Tiefgang
Hochwasser-
schleuse Ferrières
323
Queutrey
Ferrières lès
Ray
322
321

Unübersehbar allein wegen ihrer Größe sind Graureiher und Kormorane. Genauer hinsehen muß, wer das Teichhuhn mit seinem roten Schild über dem gelben Schnabel in Ufernähe ausmachen will. Hin und wieder sind Familienverbände von Zwergtauchern zu beobachten. Sie sind kleiner und unscheinbarer als ihre Verwandten, die Haubentaucher, die auf der Saône sehr selten vorkommen. Fast durchgehend hingegen sind die Uferreviere vom Eisvogel besetzt, der wie ein flirrender blauer Edelstein dicht über die Wasseroberfläche fliegt und sich gelegentlich von einem Zweig als Jagdsitz in die Fluten stürzt.
Schon bei der Zufahrt zur Schleuse 8 fällt der Blick rechterhand auf das Dorf Rupt-sur-Saône, das von einer Burg gekrönt wird. In dem Ort gibt es zwar keinerlei Einkaufsmöglichkeiten, aber die Gehöfte fallen durch ihr gepflegtes Äußeres auf, und auch ein Blick aus der Nähe auf die erhabenen Zinnen ist einen Spaziergang von ein paar hundert Metern vom Fluß her wert. Anlegen ist unterhalb der Brücke am befestigten Ufer möglich. Der in alten Karten angegebene Anleger direkt unter dem Brückenbogen besteht nicht mehr. Der frühere Treidelpfad ist hier asphaltiert, so daß sich auch eine kleine Fahrradtour längs des Wassers anbietet.
Weiter flußab umfließt die Saône eine baumbestandene Insel, auch die Fahrrinne teilt sich. In der folgenden Biegung fordert

Rupt-sur-Saône: von einer Burg gekrönt

ein Schild auf, sich bei Hochwasser dicht unter dem rechten Ufer zu halten. Der Grund: Ausgangs der Kurve, kurz nach dem Abzweig des Kanals zur Schleuse Nummer 9, in den es durch ein Sperrtor hineinzumanövrieren gilt, stürzen die Wasser des Flusses ein Wehr hinunter. Wer in diese Strömung gezogen wird, muß mit größerem Ungemach rechnen. Bei normalem Wasserstand ist die Passage allerdings kein Problem.
Die nächste Schleuse besitzt eine Sonderstellung auf der ganzen Saône. Sie ist nämlich vollautomatisch, einschließlich Lichtzeichen und elektrifizierter Tore und Schieber. Sie wird aber nur bei erhöhtem Wasserstand in Betrieb genommen, um die Geschwindigkeit der Strömung im Schleusenkanal abzubremsen. An dem alten Schleusenwärterhaus ist die Aufschrift „Écluse de Cubry“ zu lesen, die Kammer wurde aber bei der späteren Numerierung nicht berücksichtigt. Weil die Schleuse schräge Wände hat, wurde auf einer Seite ein Schwimmsteg eingepaßt, der sich mit dem Wasserspiegel hebt und senkt. Wenn im Normalfall die Tore zur Durchfahrt offen stehen, ist selbstverständlich langsame Fahrt angesagt.

Charterboot vor Soing, das gute Versorgung bietet

Als nächster Haltepunkt bietet sich Soing an. Das Dorf zieht sich hübsch einen Hang hinauf und besitzt mehrere Geschäfte, ein Restaurant sowie eine Post. Emsige Menschen haben einen verkleinerten Eiffelturm im Flußtal aufgestellt. Anlegen ist an zwei Stellen möglich. Oberhalb der Einfahrt am östlichen Ufer hat die Gemeinde einen Landungssteg sowie ein Schild errichtet, auf dem alle Einrichtungen von Soing aufgezählt sind. Ein Lebensmittelladen bietet sogar an, Proviant direkt an Bord zu liefern.
Die wenigen hundert Meter bis zur Ortsmitte lassen sich gut zu Fuß und erst recht mit dem Rad zurücklegen. Die Welt ist hier noch so beschaffen, daß man früh morgens vor der offiziellen Ladenöffnung des Bäckers einfach in die Backstube im Hof geht und dort sein frisches Brot bekommt.
Wer will, kann sich auch unterhalb der Schleuse den Fluß hinauf wenden. Nach drei Kilometern wurde in Sichtweite der Brücke ein weiterer Landungssteg angelegt. Die Uferwiesen sind als weiträumiger Spielplatz gestaltet. Zuvor geht es aber noch durch den eng gewundenen Schleusenkanal von Soing mit gemauerten Wänden. In der Kurve sollte einem wirklich keine Péniche entgegenkommen!
Nach weniger als einem Kilometer teilen sich Fluß und Kanal erneut. Oberhalb des Wehrs auf dem Flußlauf gibt es einen Anleger an einem Campingplatz. Beim Versuch, diesen anzulaufen, hatten wir mit weniger als einem Meter Tiefgang zweimal Grundberührung. Von hier aus ist schon das Schloß von Ray zu sehen, das sich hoch über den Fluß und den gleichnamigen Ort erhebt.

Die tapferen Binnenschiffer

Es geht über einen etwa zwei Kilometer langen schnurgeraden Kanalabschnitt auf die Schleuse zu. Diese Strecke ist breiter als üblich, man halte sich aber vom verlandenden westlichen Ufer frei. Obwohl es sich um eine automatisierte Schleuse handelt, ist sie bemannt, was bei Bergfahrt den Vorteil hat, daß einem die Leinen abgenommen werden. Unmittelbar vor der Kammer sind hier wie an allen Schleusen auf der oberen Saône zu beiden Seiten in gebührendem Abstand zum Ufer jeweils zwei Me-

tallpfähle eingerammt. Von einem führt eine schmale Brücke an Land. Sie sind der Berufsschiffahrt vorbehalten, die hier die Möglichkeit zum Anlegen über Nacht hat, da sie in beladenem Zustand sonst nicht ans Ufer kommt.
Die Binnenschiffer, die den Kampf um den Gütertransport aus Zeitgründen längst gegen den Lkw verloren haben, sind vorwiegend mit Schüttgut wie Sand, Kies und Getreide unterwegs. Sie legen im Morgengrauen ab und sind oft noch nach Einbruch der Dunkelheit mit starken Suchscheinwerfern unterwegs. Sie fahren, solange sie durch die Schleusen kommen, um dann un-

Das Schloß von Ray-sur-Saône

mittelbar vor einer bis zum nächsten Morgen zu übernachten. Läge ein Sportboot an den für sie reservierten Pfosten, könnte das am späten Abend für einige Unruhe auf beiden Seiten sorgen. Selbstverständlich und zudem vorgeschrieben ist es, ein Frachtschiff über Tag vor Schleusen überholen zu lassen. Es kostet den Berufsschiffer eine halbe Stunde und mehr, wenn jemand meint, schnell noch in die Kammer huschen zu können, wenn hinter ihm ein Lastkahn aufkommt.
Unterhalb der bemannten Schleuse Nummer 11 kann man sich nach rechts den Fluß hinauf wenden, um in Ray anzulegen. Zuvor geht es an etwas ähnlichem wie einem kleinen Sandstrand vorbei, ehe vier kurze Anleger in Sicht kommen. Die müssen

Idyllischer Winkel in Ray-sur-Saône

von Fachleuten ganz besonderer Art geplant worden sein, denn das Ufer wurde mit großen Wackersteinen befestigt, die aber etwas weiter in den Fluß hinausreichen als die leicht erhöhten Stege. Die Folge: Man sitzt auch mit wenig Tiefgang leicht auf oder schlägt an die Steine. Wir haben die Fender bis auf die Wasseroberfläche herabgelassen und so etwas Abhilfe geschaffen. Auch die Möglichkeit, Wasser zu bunkern, ist durch die beträchtliche Entfernung der Zapfstellen von den Stegen erschwert. Das köstliche Naß kann per eingeworfener Münze am Automaten gekauft werden.

Bitte nicht in die Fenster sehen!

Ray ist natürlich einen Landgang wert. Das auf mehreren Schildern schon am Abzweig bei der Schleuse angekündigte kleine Restaurant ist nach ländlicher Art eine erweiterte Dorfkneipe, wo Hausmannskost verabreicht wird. Der Aufstieg zum Schloß ist Pflicht. Der Weg führt vorbei an steinernen Zeugen besserer Tage in Form von einst properen Häusern, an Kirche und Waschhaus. Der Schloßpark darf begangen, die Bauten selbst können umschritten werden. Die in ihnen arbeiten und wohnen, bitten per Schild ausdrücklich darum, sie nicht durch die Fenster anzustarren. Wozu die Menschen doch in der Lage sind, wenn sie sich als Touristen von den heimischen Normen losgelöst fühlen! Sehenswert ist natürlich nicht nur der Blick vom Anleger zum Schloß hinauf, sondern auch von oben ins weite Saône-Tal hinein.
Folgt man dem Verlauf des Flusses weiter, so gabelt er sich erneut nach wenigen hundert Metern: Man kann auf fünf Kilometern dem Bett der Saône folgen mit baumbestandenen Ufern, Viehweiden, reicher Vogelwelt und einem untiefen Teich, der mit dem Fluß verbunden ist. Es gilt, was wir schon früher sagten: Wegen umgestürzter Bäume und ausgewaschener Ufer ist der Weg in der Mitte des Wassers der sicherste.
Wem die Schönheit der Natur weniger wichtig ist als der Zeitgewinn oder wer mehr als 1,50 Meter Tiefgang hat, der nimmt die schnurgerade Abkürzung. Sie spart vielleicht zwei Kilometer ein, die Strecke ist aber mit ihren zur Befestigung aufgeschütteten Steinen am Ufer ziemlich öde. Etwa in der Mitte des

Durchstichs befindet sich eine Schleusenkammer, die von Hand zu bedienen ist. Ähnlich der von Cubry wird sie nur bei erhöhtem Wasserstand in Betrieb genommen, um die sonst in der Kanalstrecke entstehende starke Strömung zu verhindern.

Von der Gesinnung der Kanalbauer

Nach drei weiteren Flußkilometern ohne Besonderheit geht die Einfahrt in Richtung Tunnel von Savoyeux rechts ab. Das Sperrtor mit seiner üblichen Verengung des Kanals liegt in einer sanften Linkskurve, so daß die Übersichtlichkeit zu wünschen übrig läßt. An Stellen wie diesen kommt man über die Gesinnung der Kanalbauer ins Grübeln: Da graben sie mit gewaltigem Aufwand und Kosten Tunnel durch Berge, aber an Kleinigkeiten bei der Führung der Kanalstreken haben sie nicht gedacht! Vielleicht waren ja die Zeiten andere, als die Schiffe gezogen wurden, und ein entgegenkommendes Gespann von Zugtieren war schon von weitem zu vernehmen, weil kein Dieselmotor auf dem eigenen Boot das Gehör störte.

Vor dem Tunnel Savoyeux

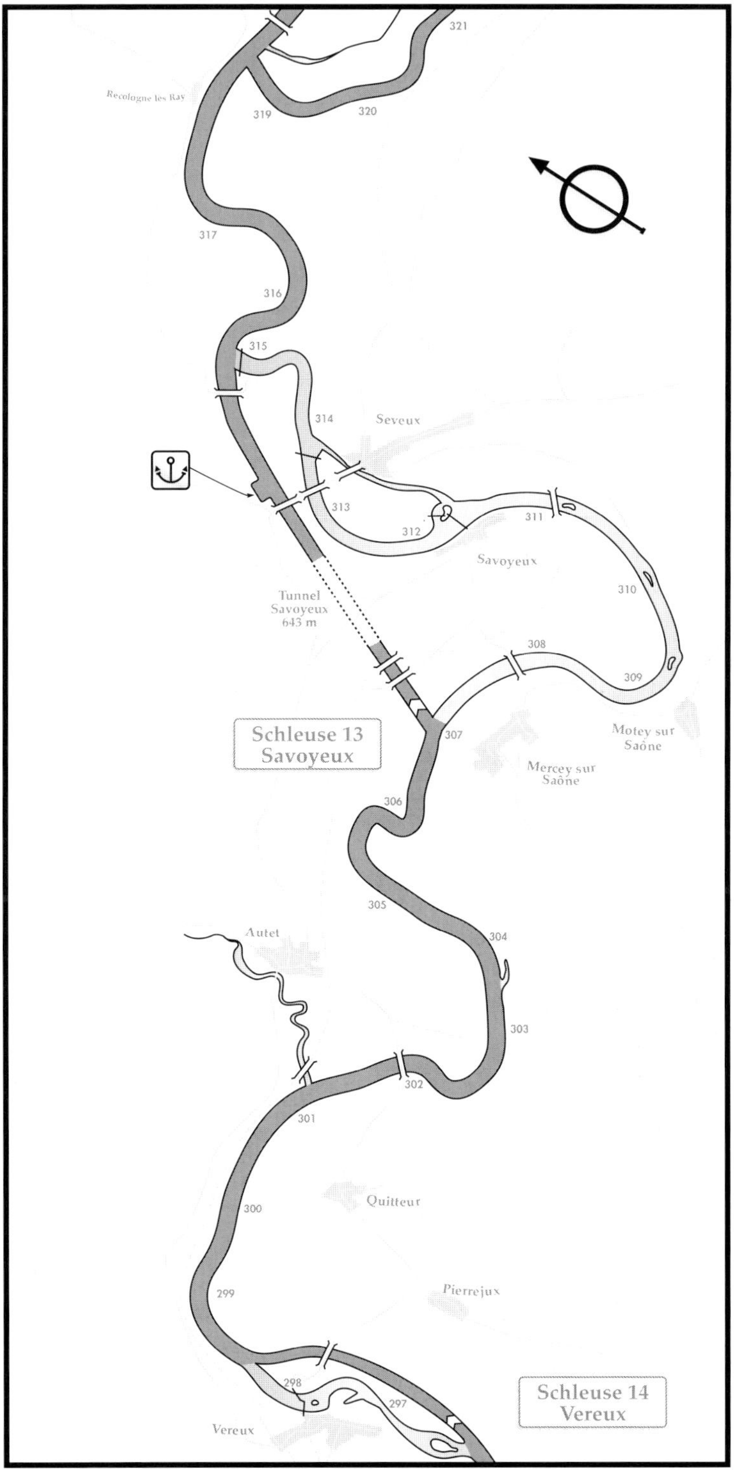

321
Recologne lès Ray
319
320
317
316
315
314
Seveux
313
312
311
Savoyeux
310
Tunnel
Savoyeux
643 m
308
309
Schleuse 13
Savoyeux
307
Motey sur
Saône
Mercey sur
Saône
306
305
304
Autet
303
302
301
300
Quitteur
299
Pierrejux
298
297
Schleuse 14
Vereux
Vereux

Auch über den Nutzen der Tunnel können einem Zweifel kommen. Der von Savoyeux verkürzt einen weiten Saône-Bogen um fünf Kilometer. Das war etwa die Durchschnittsgeschwindigkeit eines getreidelten Lastkahns. Man hat am Oberlauf der Saône zwei teure Tunnel gegraben, um auf einer tagelangen Fahrt über den Fluß zwei Stunden zu gewinnen.
Wie auch immer – für die Freizeitkapitäne ist diese 643 Meter lange Röhre eine Herausforderung, für die mitfahrende Besatzung ein kleines schauerliches Zwischenspiel. Im übrigen gleichen Bauweise und Durchfahrt dem Tunnel von St. Albin. Ebenso wie dort wird der Einbahnverkehr per Rot-Grün von einer unterhalb gelegenen bemannten Schleuse gesteuert. Zuvor geht es aber noch an einem Hafen vorbei. Der einstige breite Frachthafen ist zu einer Marina umgestaltet worden. Alle notwendigen Einrichtungen einschließlich Duschen und sogar ein Tennisplatz sind vorhanden.
Außer den Schiffen einer kleinen Charterbasis liegen auch viele Privatboote an den Stegen, so daß es nicht immer leicht ist, einen freien Platz zu finden. Über zwei Brücken, die über den Kanal und den Fluß führen, ist man zu Fuß nach ein paar hundert Metern in dem Dorf Seveux, in dem Grundnahrungsmittel erhältlich sind.

Marina Seveux

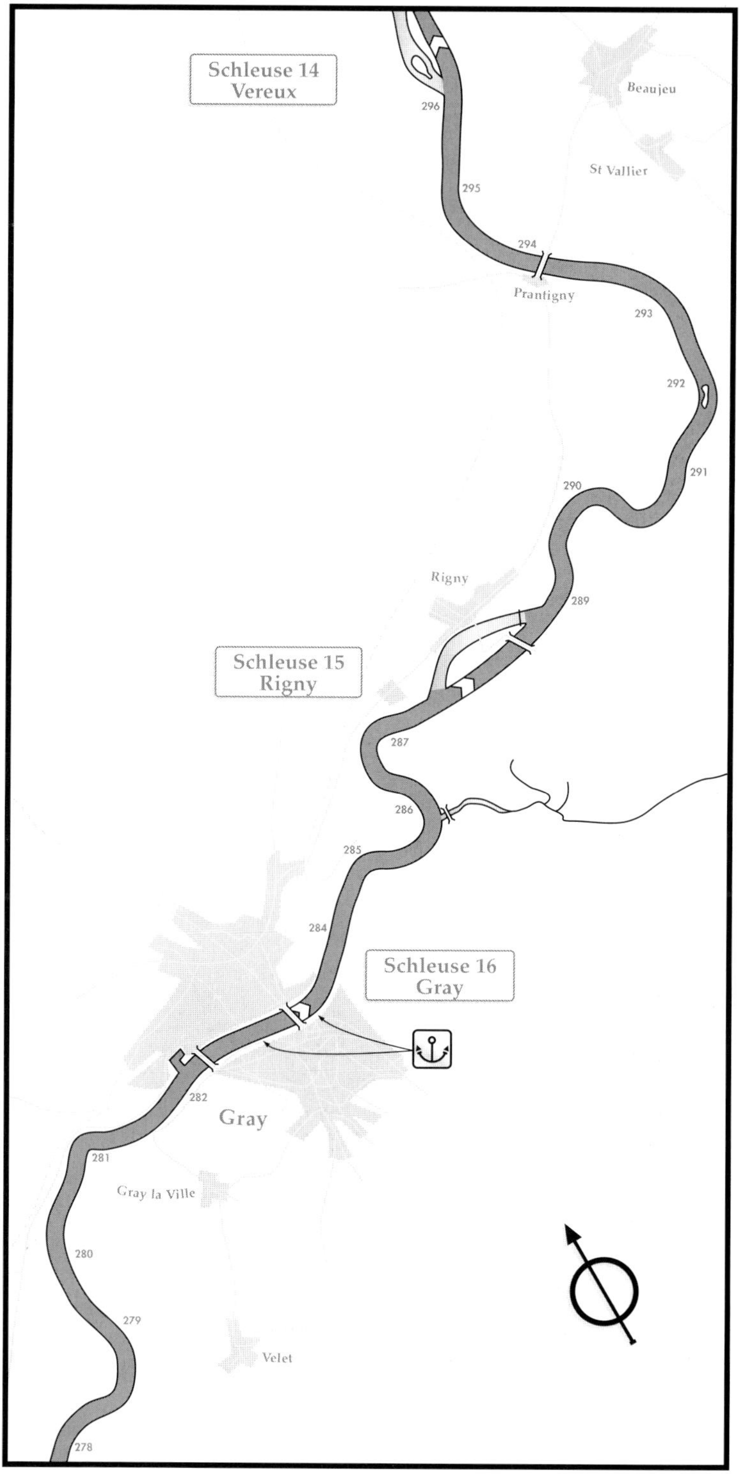
Schleuse 14
Vereux
Beaujeu
296
St Vallier
295
294
Prantigny
293
292
291
290
Rigny
289
Schleuse 15
Rigny
287
286
285
284
Schleuse 16
Gray
282
Gray
281
Gray la Ville
280
279
Velet
278

Bemannte Schleusen

Flußabwärts gibt es von hier an nur noch bemannte und elektrifizierte Schleusen. Sie haben bis zur Schleuse Nummer 16 mit 5,20 Meter Breite und 41 Meter Länge das Maß für die traditionellen Lastkähne. Für Freizeitboote bedeutet diese Breite im allgemeinen, daß sie in der Schleuse hintereinander liegen müssen. Die Schleusen 17, 19 und 20 sind hingegen acht Meter breit, so daß etwa bei Charterbooten mit 3,50 Meter Breite bei Bedarf in der Hochsaison auch nebeneinander geschleust werden kann. Die Schleuse Nummer 18 von Heuilly in Sichtweite der Einfahrt in den Canal de la Marne à la Saône ist hingegen knapp sieben Meter breit.
Die Saône windet sich rund zwanzig Kilometer bis zur Stadt Gray in weiten Bogen durch Felder, Wiesen und kleine Waldgebiete. In die Mündung des Nebenflusses Salon kann man sich nur mit einem Beiboot hineinwagen. Die beiden Dörfer Vereux und Rigny liegen am Westufer des Flusses und sind kaum in Sichtweite, weil die Schleusenkanäle östlich verlaufen.
In Rigny befindet sich das Stauwehr unmittelbar neben der Einfahrt zum Kanal, weshalb bei erhöhtem Wasserstand Vorsicht vor einem Sog geboten ist. In diesem Dorf gibt es ein Schloß

Schleuse (links), Brücke und Wehr in Gray

aus dem 18. Jahrhundert, in dem jetzt ein Hotel mit Restaurant der gehobenen Klasse seinen Platz gefunden hat. Es ist aber nicht leicht, in seiner Nähe anzulegen. Vor der Fahrt unterhalb der Schleuse den Fluß hinauf wird wegen untiefen Wassers gewarnt.
Das alles ist in Gray kein Problem. Oberhalb der Schleuse, die sich umittelbar unter der Brücke befindet, hat eine Charterbasis ihre Heimat. Unterhalb von Schleuse und Brücke gibt es zu beiden Seiten des Flusses schier endlose Kaianlagen von nicht weniger als 1800 Meter Länge. Hier muß einst ein reger Umschlagbetrieb geherrscht haben. Die wenigen Lastkähne fahren aber heutzutage an Gray vorbei. Am östlichen Ufer wurde ein Teil der Uferbefestigungen instandgesetzt und auch ein Schwimmsteg zu Wasser gelassen. Wie an manch anderer Stelle auch, ließ sich der Wasserhahn keinen Tropfen entlocken, als wir hier kühles Naß bunkern wollten. Natürlich kann zu anderen Zeiten eine Reparatur erfolgreich gewesen sein. Die sicherere Quelle ist in jedem Fall die Bootsbasis oberhalb der Brücke.
Das schönere Panorama freilich hat, wer unterhalb festmacht: Die malerischen steinernen Bögen aus dem 19. Jahrhundert, die den Fluß überspannen, davor das schäumende Wehr, das alte Mühlengebäude und dahinter die Stadt, die sich auf einem Hügel erhebt. Es ist hier nicht der Platz, die wechselvolle Geschichte der Stadt ausführlich zu schildern, deren Besiedlung schon zur Zeit der Kelten verbürgt ist. Das auffälligste Bauwerk ist das prächtige Renaissance-Rathaus mit seinen Säulengängen und dem farbigen Dach aus glasierten Ziegeln.
Im übrigen kämpft die Stadt mit einem regen Durchgangsverkehr. Zum Teil wird er durch Wegweiser erfolgreich um das Stadtzentrum südlich herum und über die neuere Brücke geleitet. Den innerstädtischen Autoverkehr versucht man mit einer Geschwindigkeitsbeschränkung auf Tempo 40 zu bremsen. Ein Fußgängerparadies ist Gray allerdings nicht.

Ein Blick zurück

Wir wollen den Halt an einem historischen Ort zu einem Blick in die Vergangenheit nutzen. Das, was uns heute als Frankreich

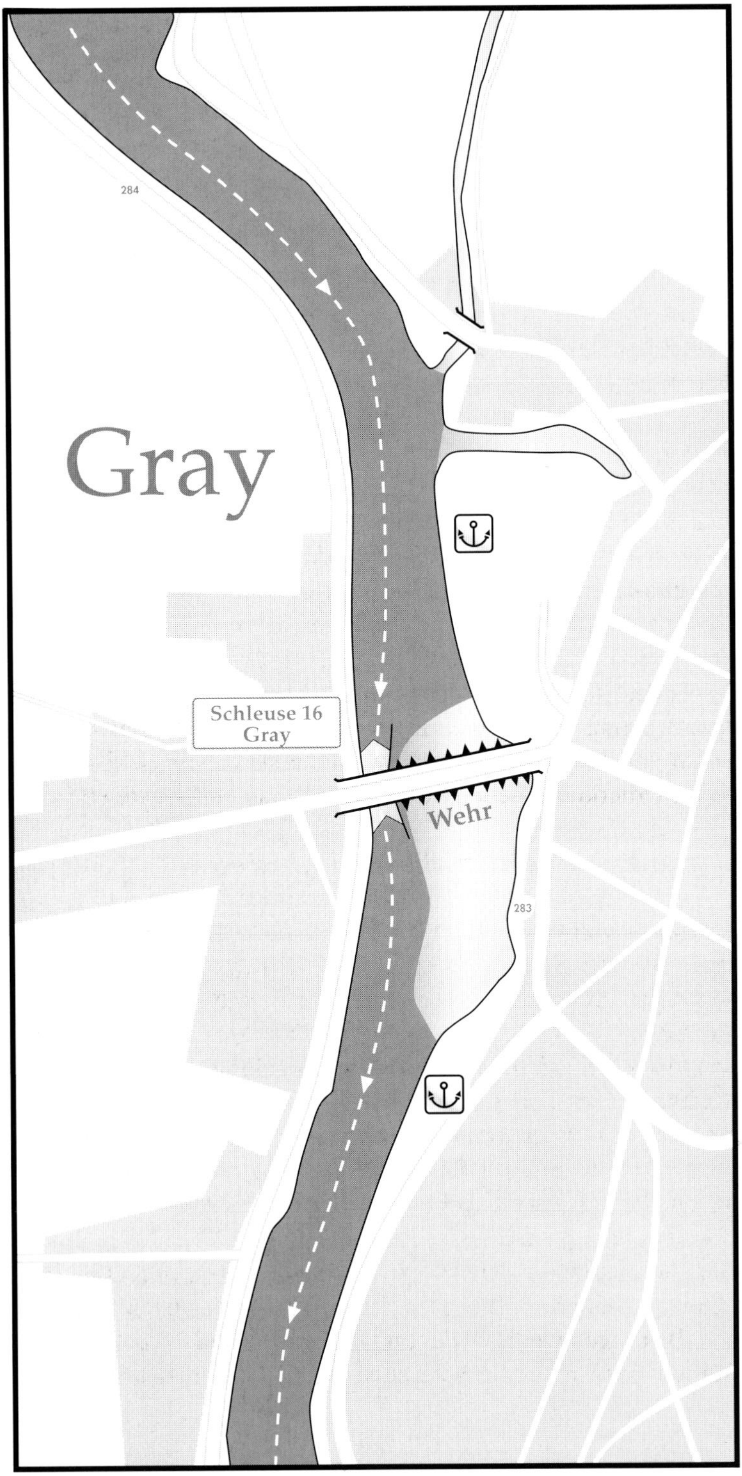

284
Gray
Schleuse 16
Gray
Wehr
283

erscheint, war – ähnlich wie Deutschland – in der Geschichte ein geographischer Flickenteppich, oft umkämpft und von wechselnden Machthabern beherrscht. Die Saône fließt durch zwei heutige Regionen, die früher selbständig waren: durch die Franche-Comté und durch die Bourgogne. Das erste Gebiet heißt in deutscher Übersetzung und voller Länge „Freie Grafschaft Burgund", was darauf hindeutet, daß es irgendwann einmal mit dem Königreich Burgund zusammengehörte. Das war tatsächlich durch die Jahrhunderte mehrere Male der Fall.
Der Name „Burgund" stammt vom ostgermanischen Volksstamm der Burgunder, den es im 5. Jahrhundert hierher verschlug. Im 15. Jahrhundert war Burgund ein mächtiges Reich zwischen Deutschland und Frankreich, das von der niederländichen Nordseeküste bis zur Schweizer Grenze reichte. Teile fielen später an das Haus Habsburg, durch Erbfolge gehörte die Franche-Comté gar eine Zeitlang zu Spanien.
Seit dem 17. Jahrhundert fließt die Saône in voller Länge durch Frankreich. Diese Zugehörigkeit trifft ebenso für ihre Ufer und damit die Regionen Bourgogne und Franche-Comté zu. Die Überquerung der Grenze zwischen der ehemals freien Grafschaft und dem Königreich Burgund liegt, für den Schiffer völlig unbemerkt, zwischen den Städten Gray und Auxonne.

Vielleicht die schönste Strecke

Ausgangs von Gray bleibt die Einfahrt in ein geschütztes Hafenbecken mit Silos am westlichen Ufer liegen, und die folgenden rund fünfzig Stromkilometer bis Auxonne sind vielleicht die schönsten des ganzen Flusses. Wie Perlen an der Saône-Schnur reihen sich malerische Dörfer, kleine Schlösser und Städtchen aneinander. Die Ufer sind sanft und laden zum Festmachen im Grünen ein. Auf Viehweiden grasen die Rinder, bevorzugt weiße aus der Rasse der Charolais. Hohe alte Bäume bieten der Vogelwelt Ruheplätze mit Fernsicht, und auch im Buschwerk hüpft's und zwitschert's.
Der Lieblingsplatz des Autors liegt fünf Kilometer flußab von Gray: Auf einer Wiese unter Trauerweiden mit leicht verfallenem Kai lugen weißgestrichene Poller aus dem Gras. Das wäre freilich noch nichts Besonderes, wenn sich nicht unmittelbar

dahinter die Umfriedung eines kleinen, aber feinen Schlosses erheben würde. Man liegt hier mit kostenlosem Schloßblick. Der Ort Mantoche bietet außer den grundlegenden Versorgungsmöglichkeiten auch ein Restaurant und den hübschen Anblick vieler Häuser aus dem 17. und 18. Jahrhundert, was selbst Laien der Architekturgeschichte leicht an den Inschriften der Torbögen zu erkennen vermögen.
In Sichtweite dieses wunderschönen Liegeplatzes warnt flußab am Westufer eine rote Bake vor einer Untiefe. Das Warnzeichen ist das erste seiner Art seit Beginn der Schiffbarkeit, aber keineswegs das letzte. Dann geht es in den Kanal der Schleuse Nummer 17 von Apremont, die wie alle anderen auf diesem Abschnitt elektrifiziert und bemannt ist. Das Dorf Apremont im Saône-Bogen kommt nicht in Sicht, es wurde wie einige andere auch mit dem Durchstich vom Durchgangsverkehr abgeschnitten. Gleich unterhalb von Schleuse und Wiedervereinigung von Fluß und Kanal macht die Saône einen scharfen Knick nach Süden. Voraus liegt eine Insel, die man einfach links liegen läßt. Wenn Zweifel über den Verlauf der Fahrrinne bestehen, zeigt ein deutlicher Pfeil die Richtung an. Ebenso klar sind die Durchfahrten durch Brückenbogen gekennzeichnet: Eine auf der Spitze stehende gelbe Raute zeigt die Lage der Fahrrinne an,

Mantoche: Liegen mit Blick aufs Schloß

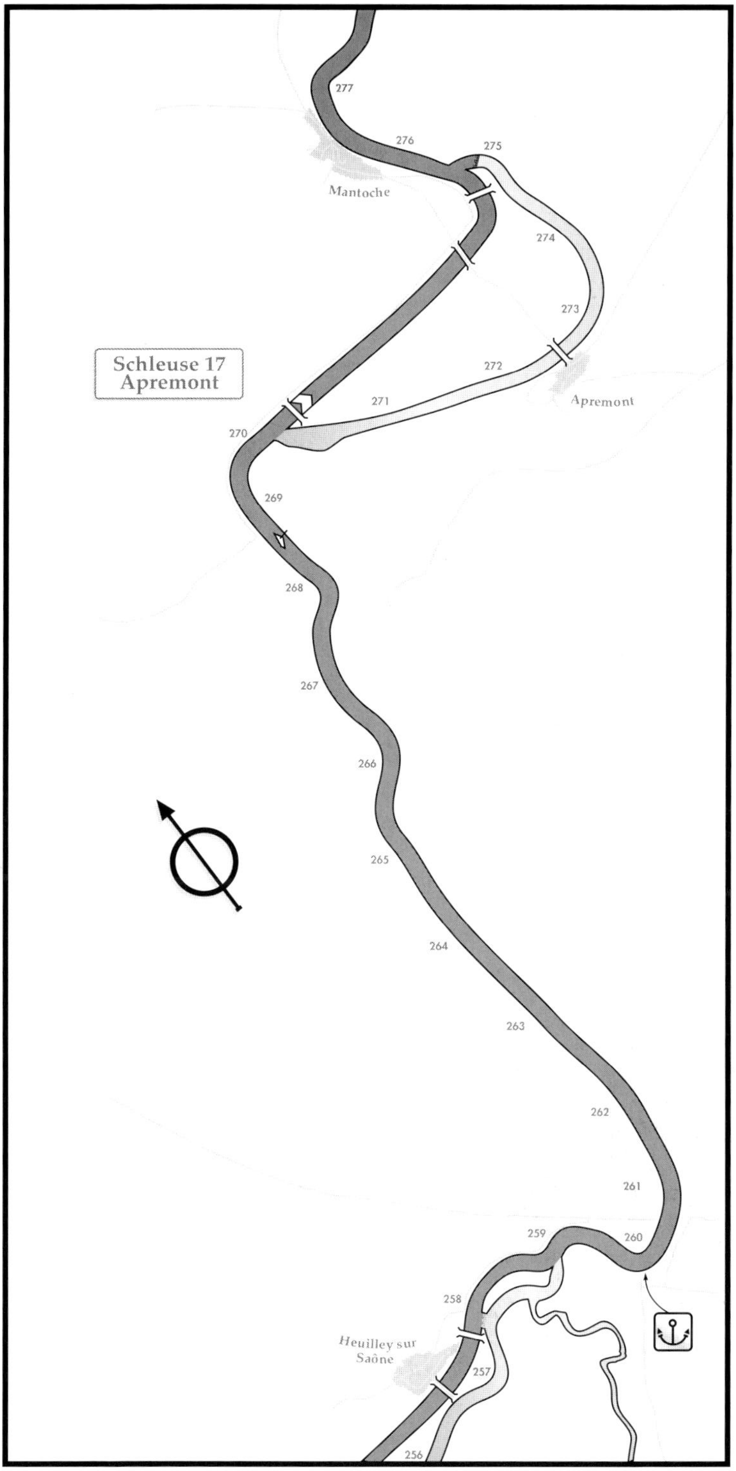

Schleuse 17
Apremont
277
276
275
Mantoche
274
273
272
271
Apremont
270
269
268
267
266
265
264
263
262
261
260
259
258
Heuilley sur
Saône
257
256

gesperrte Bogen sind mit rot-weiß-roten Rechtecken markiert. Was nun die langgestreckten Inseln betrifft, die hin und wieder im Fluß liegen, so bedeuten sie für Kinder und alle Erwachsenen mit Sinn für Romantik eine große Versuchung: Ob man nicht wie einst Robinson für ein paar Stunden, womöglich eine ganze Nacht lang solch ein Eiland ganz allein für sich in Besitz nehmen kann? Man kann. Bei der Annäherung freilich ist höchste Vorsicht vonnöten. Der Bug der Charterboote ist zwar sehr flach, aber wenn der Rumpf auf eine Sandbank gerauscht ist, kann man ganz schön festsitzen, von den Folgen der unsanften Berührung fester Gegenstände ganz zu schweigen. Also: langsamste Fahrt voraus, dazu noch jemanden mit dem Bootshaken aufs Vorschiff, der mit dem Haken laufend die Tiefe prüft! Solange Schraube und Ruder hinten frei sind, bedeutet ein leichtes Aufsitzen des Bugs keine Gefahr. Wenn man über Nacht bleiben will, sieht das allerdings anders aus, weil sich der Wasserstand zuungunsten der berühmten Handbreit Wasser unterm Kiel verändern kann. Wer mit dem Bug zum Ufer festmacht, sollte es jedenfalls nur an breiten und übersichtlichen Stellen oder außerhalb der Fahrrinne tun. Denn die Motorkreuzer sind bis zu fünfzehn Meter lang, und ein solches in den Wasserweg hineinragendes Hindernis an einer scharfen Biegung könnte den Steuermann eines Lastkahns schon erschrecken, der bekanntlich am Heck seines Schiffes steht.

Die Saône fließt auf den folgenden Kilometern durch bewaldete Gegenden. Vor einem weiten Bogen kommt ein alter Sandladekai in Sicht, und kurz dahinter lädt ein Schwimmsteg mitten unter Bäumen zum Anlegen ein. Das sollte man getrost tun, aber ja nicht den Reizen einer Touristenfalle nachgeben. Ein Schild verlockt zu einem Telefonat in die Auberge du Vieux Moulin. Von dieser „Herberge zur alten Mühle" wird man kostenlos abgeholt und nach genossener Mahlzeit auch wieder zum Schiff gebracht. Wer diesen Dienst in Anspruch nimmt, für den könnten die wenigen Kilometer zur teuersten Autofahrt seines Lebens werden. Denn die Lage der alten Mühle ist zwar herrlich, aber die Preise zehren vom Ruhm vergangener Tage und stehen in keinem Verhältnis zum Gebotenen.

Die Fahrrinne führt nach einigen Biegungen in den Schleusenkanal von Heuilley. Dessen Besonderheit besteht darin, daß an

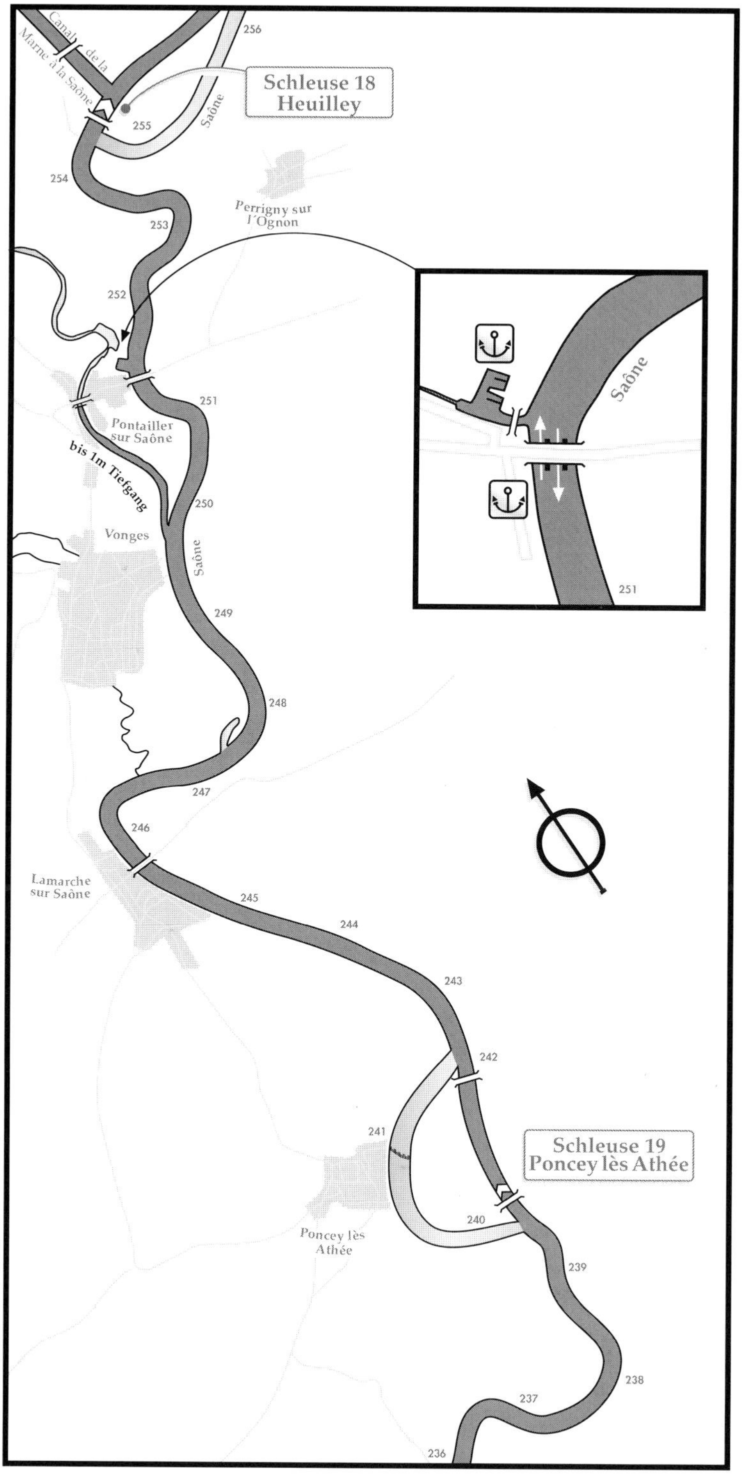

Canal de la Marne à la Saône
256
Schleuse 18
Heuilley
Saône
255
254
Perrigny sur l'Ognon
253
252
251
Pontailler sur Saône
bis 1m Tiefgang
250
Vonges
Saône
249
248
247
246
Lamarche sur Saône
245
244
243
242
241
Schleuse 19
Poncey lès Athée
240
Poncey lès Athée
239
238
237
236
Saône
251

seinem unteren Ende kurz vor der Schleuse der Canal de la Marne à la Saône abzweigt. Das ist ein schleusenreicher Wasserweg mit handbetriebenen Toren und Schiebern, der außerhalb der Sommersaison wenig befahren ist.
Weil der Flußlauf der Saône die größere Anziehungskraft ausübt, haben sich an diesem Kanal bisher keine Charterfirmen niedergelassen.
Wer die Patina historischer Wasserbauten und die Stille der französischen Provinz liebt, für den lohnt ein Abstecher Richtung Norden.

Ein hübscher Halt

Der nächste Ort zu einem Halt heißt Pontailler, der mehrere Anlegemöglichkeiten bietet. Unmittelbar vor der Saône-Brücke geht es in den Sportboothafen, der Sitz einer kleineren Chartergesellschaft ist. Dementsprechend gibt es alle Versorgungsmöglichkeiten, vor allem das unentbehrliche Wasser. Die Einfahrt ist schmal und daher unübersichtlich, die kleine Brücke darüber hat eine Durchfahrtshöhe von drei Metern. Unterhalb der Straßenbrücke kann man auch am hergerichteten früheren Ladekai festmachen. Hier liegt man recht hübsch unmittelbar

Hafeneinfahrt Pontailler

an einem Park. Zum Wasserfassen in dem Toilettenhäuschen dürften allerdings die meisten mitgeführten Schläuche zu kurz sein.
Die dritte Möglichkeit besteht darin, etwa zwei Kilometer unterhalb der Brücke den alten Saône-Arm hinaufzutuckern. Für Motorkreuzer mit geringem Tiefgang ist das Risiko klein. In Sichtweite der Brücke über die alte Saône läßt sich mit etwas Umsicht ein schöner Liegeplatz im Grünen unter herrlichen alten Bäumen finden. In Pontailler gibt es Möglichkeiten zur Ergänzung der Bordvorräte, kann man die Küche auch mal kalt lassen und an Land essen gehen und schließlich einen aussichtsreichen Spaziergang auf einen Hügel westlich der Stadt machen.
Der Treidelpfad wechselt übrigens mit der Brücke von Pontailler die Seite und verläuft von hier aus am Ostufer. Das bedeutet, daß dieses Ufer besser befestigt ist, das gegenüberliegende natürlicher in Sachen Bewuchs ist – mit der höheren Gefahr von Untiefen bei Annäherung. Die Berufsschiffahrt hält sich natürlich traditionell näher unter dem befestigten Ufer.
Unterhalb der Vereinigung von altem und aktuellem Saône-Lauf befindet sich an der Westseite ein fester Ladekai. Wegen der Auswahl an Anlegemöglichkeiten im nahen Pontailler brau-

An der Alten Saône in Pontailler

chen ihn allerdings nicht einmal Segler mit größerem Tiefgang als Notlandeplatz. Das nächste Dorf flußab heißt Lamarche. Ein Restaurant hat für die geneigte Kundschaft einen Steg ausgebracht. Unterhalb der Straßenbrücke befindet sich am linken Ufer ein Altgewässer. Wenn man an dessen Ende festmacht, liegt man mitten in der Natur, hat aber über einen Weg Zugang zur Brücke, um über den Fluß zu gelangen und im Dorf einzukaufen.

Der versteinerte Napoléon

Das namensgebende Dorf für die Schleuse Nummer 19, Poncey-lès-Athée, ist vom Wasser aus nicht zu erreichen. Das trifft für die Stadt Auxonne nicht zu, die den Wasserwanderern festen Halt gibt. Eine rote Bake mitten im Fluß trennt die Schiffahrt von den Wasserskifahrern und kleinen Booten des Wassersportvereins am Westufer. Ober- und unterhalb der Brücke gibt es Schwimmstege und feste Kais sowie Wasserhähne, die manchmal funktionieren und manchmal nicht. Die Stadt plant seit Jahren einen Sportboothafen in der Nähe der alten Bastionen.

Lamarche

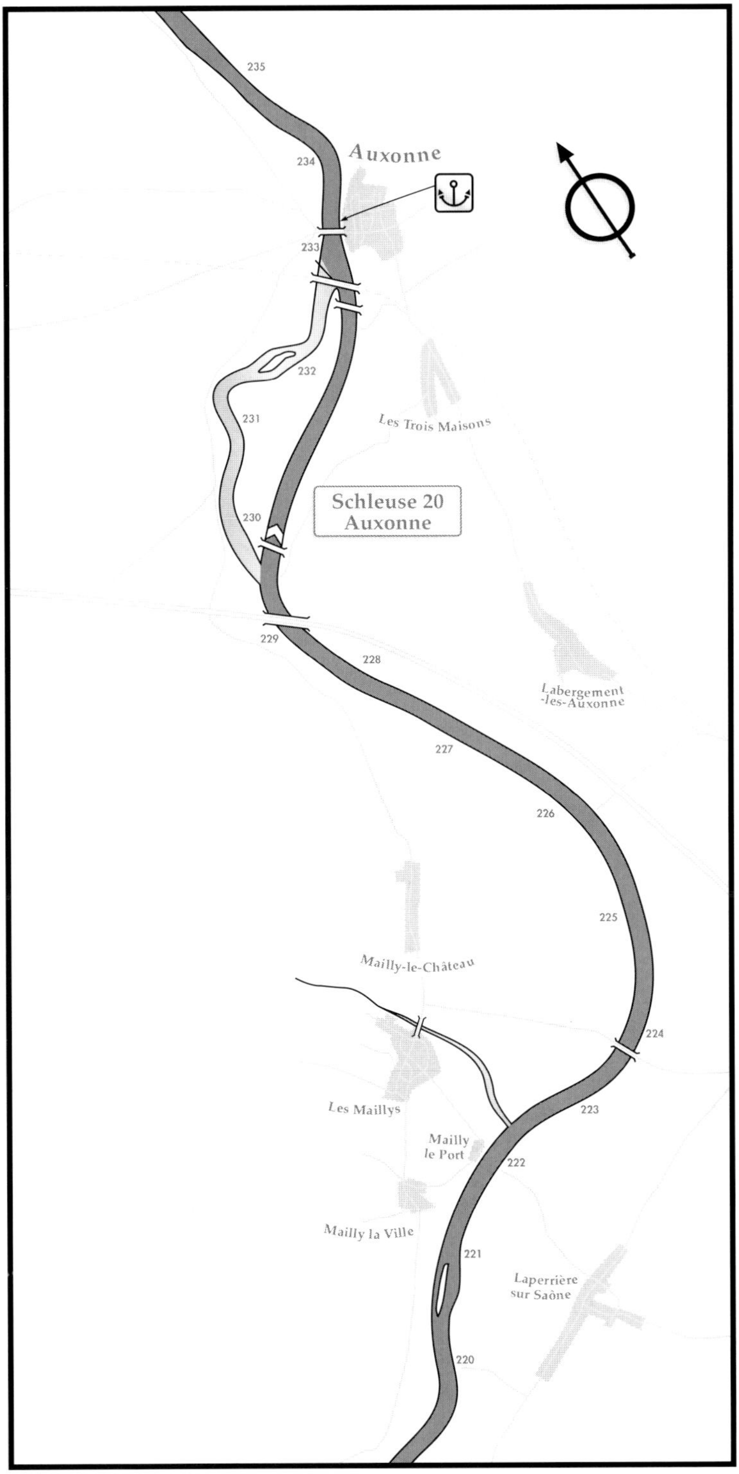

235
234
Auxonne
233
232
231
Les Trois Maisons
Schleuse 20
Auxonne
230
229
228
Labergement
-les-Auxonne
227
226
225
Mailly-le-Château
224
223
Les Maillys
Mailly
le Port
222
Mailly la Ville
221
Laperrière
sur Saône
220

Womit wir bei der militärischen Vergangenheit von Auxonne wären. Bekanntester Soldat der Garnison war Napoléon Bonaparte, der von 1788 an drei Jahre die hiesige Artillerieschule besuchte und nunmehr versteinert vor dem Rathaus steht. Man hat in einem alten Befestigungsturm ein kleines Museum mit Erinnerungsstücken an ihn und an die örtliche Geschichte eingerichtet. Auxonne bietet viele architektonische Kleinodien. Liebhaber der Baukunst werden einen Blick auf und in die gotische Kirche Notre Dame werfen. Die lebhafte Hauptstraße mit vielen Einzelhandelsgeschäften bildet die Einfallachse vom Flußufer in die Stadtmitte. Wir haben in einem eher unscheinbaren Familienrestaurant namens „Arcade“ gut und preisgünstig gespeist.

Auf der Großschiffahrtsstraße

Unterhalb der Schleuse von Auxonne überquert eine Autobahnbrücke die Saône. Hier beginnt ein schleusenloser Flußabschnitt von dreißig Kilometer Länge. Von nun an können einem größere Binnenschiffe als die herkömmlichen Pénichen begeg-

Auxonne: Liegeplätze hinter der Brücke

nen. Denn die nächste Schleuse Nummer 7 von Seurre ermöglicht Schubverbänden bis zu einer Breite von zwölf Metern und einer Länge von 185 Metern die Durchfahrt.
Die ersten größeren Kähne liegen denn auch mitunter am Sandladeplatz von Mailly-le-Port am westlichen Ufer. Zuvor geht es aber noch durch die Brücke von Maillys. Die Mehrzahl ist kein Druckfehler, denn die Siedlung besteht aus vier Ortsteilen. Etwa zweihundert Meter unterhalb ist am Ostufer ein fester Kai, der als Anlegeplatz taugt. Von dort sind es etwa zwei Kilometer bis ins Dorf, in dem es nicht nur ein viel gelobtes Restaurant gibt, sondern auch einen Lebensmittelladen und eine Post.
Diese ländlichen Postämter zeichnen sich in der Regel durch freundliches Personal aus. Wer etwa nach Sonderbriefmarken verlangt, dem werden geduldig die in einem Ordner vorrätigen postalischen Schätze aufgeblättert. Was die Telefonzellen betrifft, so befindet sich Frankreich im Umbruch wie fast alle europäischen Länder: Es gibt Karten- und Münztelefone. Die Telefonkarten sind in „Tabac"-Läden zu haben. Für Frankreich-Neulinge: Man erkennt diese Verkaufstellen an einer stilisierten

Schleuse 20 Auxonne

roten Zigarre, die auch über dem Eingang von Schreibwarenläden oder Gaststätten hängen kann. Man sollte diesen Kauf jedenfalls vor Beginn einer Flußfahrt tätigen. Denn Havarien ereignen sich bekanntlich immer zur Unzeit, also am Wochenende oder nach Ladenschluß und zudem an abgelegenen Plätzen. Übrigens kann man sich in allen französischen Telefonzellen zurückrufen lassen. Die Nummer ist sichtbar im Innern der Zelle angeschrieben. Im Herbst 1996 wurde das System im ganzen Land um eine zweistellige regionale Vorwahlnummer erweitert.

Achtung, Freizeitpiraten!

Als nächstes passiert man die Mündung des Nebenflusses Tille, der von Westen her in die Saône fließt. Wie überall wird bei

Die Brücke von Les Maillys

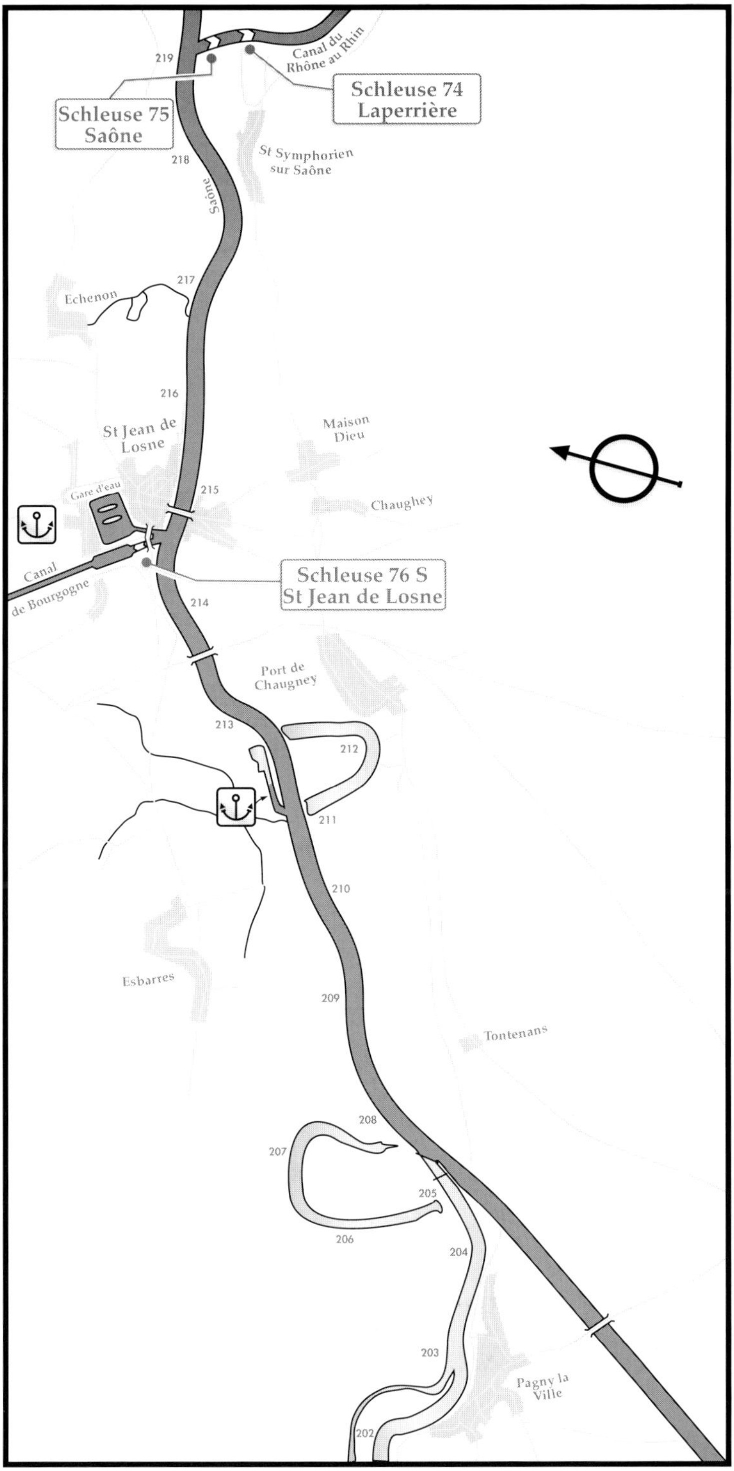
Schleuse 75
Saône
Schleuse 74
Laperrière
Canal du
Rhône au Rhin
219
218
St Symphorien
sur Saône
Saône
217
Echenon
216
St Jean de
Losne
Maison
Dieu
Gare d'eau
215
Chaughey
Schleuse 76 S
St Jean de Losne
Canal
de Bourgogne
214
Port de
Chaugney
213
212
211
210
Esbarres
209
Tontenans
208
207
205
206
204
203
Pagny la
Ville
202

Hochwasser Geröll an der Mündung eingespült, so daß man sich tunlichst unter dem gegenüberliegenden Ufer hält. Etwa einen Kilometer hinter dem schon erwähnten Sandladeplatz kommt eine jener langgezogenen unbewohnten Flußinseln in Sicht, die der Eroberung durch Freizeitpiraten harren.
Der Fluß ist hier schon deutlich breiter als am Oberlauf. Mit einem eher unscheinbaren Schleusentor zweigt am Stromkilometer 219 der Rhein-Rhône-Kanal am Ostufer ab. Über ihn gelangt man auf geraden Kanalstrecken zur Stadt Dôle und von dort über den regulierten Fluß Doubs weiter nach Besançon. Das Doubs-Tal ist eine der malerischsten Binnenwasserstraßen Frankreichs – durch seine Hügel und Felsen noch schöner als die obere Saône. Wie lange diese Schönheit erhalten bleiben wird, ist ungewiß. Denn seit den frühen siebziger Jahren ist anstelle des heutigen mäandernden traditionellen Verlaufs eine Großschiffahrtsstraße geplant, die eine Verbindung zwischen Saône und Rhein und damit zwischen Mittelmeer und Nordsee schaffen soll.
Von der Bedeutung vergangener Tage zehrt der Ort St. Jean-de-Losne. Er liegt an einem Kreuz von Binnenwasserstaßen. Denn außer dem vier Kilometer stromauf mündenden Rhein-Rhône-

Abzweig in den Rhein-Rhône-Kanal

Kanal zweigt unmittelbar im Ort der Canal de Bourgogne ab. Auf einer schnurgeraden dreißig Kilometer langen Strecke mit zwanzig Schleusen führt er nach Dijon und von dort weiter insgesamt 224 Kilometer durch Burgund zur Yonne. Liebhaber der Körperertüchtigung kommen an den 189 Schleusen auf ihre Kosten, denn die meisten von ihnen werden von Hand bedient.
In St. Jean-de-Losne liegt unterhalb der Straßenbrücke ein Tankschiff, auf dem sich auch praktische und nützliche Gegenstände für das Bordleben erwerben lassen, etwa die früher aus Holz und heute aus Hartgummi gefertigten typischen Schifferpantoffeln. Zu beiden Seiten des Flusses warten Lastkähne

auf Aufträge, die in der hiesigen Frachtbörse vergeben werden. Nicht mehr von der Berufsschiffahrt genutzt wird das große Hafenbecken namens „Gare d'Eau". Es ist heutzutage vollständig in der Hand der Freizeitschiffahrt – in Form zweier Reparaturbetriebe mit Liegeplätzen für Privatboote und einer Charterbasis.
Zwischen den beiden Inseln inmitten des Beckens ist der weiträumige Hafen untief. Die Einfahrt liegt unmittelbar unterhalb des Tankschiffs zwischen der Saône und der Einfahrt in den Canal de Bourgogne. Eine der beiden Reparaturwerften am Gare d'Eau verfügt über ein Trockendock gleich oberhalb der ersten Kanalschleuse. Eine weitere Werft befindet sich draußen am Fluß oberhalb der Saône-Brücke am Ortseingang.
Unterhalb des Schifferortes stehen am Westufer hohe Silos. Es geht unter einer Eisenbahnbrücke hindurch, dann kommt die alte Schleuse von St. Jean-de-Losne in Sicht. Der Schleusenkanal wurde am oberen Eingang abgedämmt, die untere Einfahrt führt in einen Hafen mit Privatbooten. Am rechten Ufer liegen rote Tonnen, die bei Hochwasser helfen, die Fahrrinne zu finden. Dann weisen vier Tonnen im Fluß darauf hin, daß es in den Schleusenkanal von Seurre geht. Führe man auf dem Flußlauf weiter, geriete man über ein mehrere Meter hohes Wehr.

Blick auf St.-Jean-de-Losne

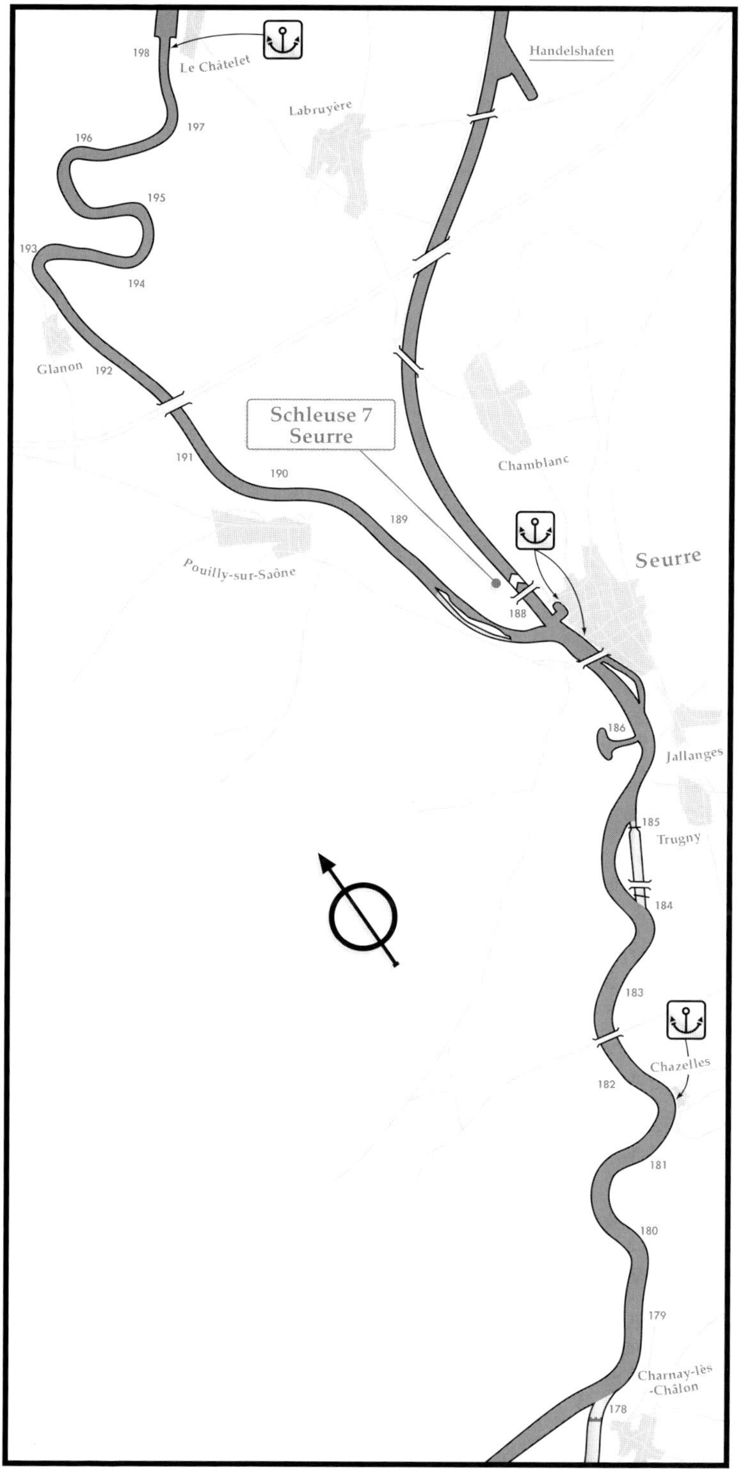

Handelshafen
198
Le Châtelet
Labruyère
197
196
195
193
194
Glanon
192
Schleuse 7
Seurre
191
190
Chamblanc
189
Seurre
Pouilly-sur-Saône
188
186
Jallanges
185
Trugny
184
183
Chazelles
182
181
180
179
Charnay-lès
-Châlon
178

Der Durchstich von Seurre ist so ziemlich der häßlichste Teil der ganzen Saône. Seine Uferbefestigungen bestehen teils aus aufgeschütteten Steinen, teils aus eingerammten Stahlschienen. Anlegen ist unmöglich. Man kann ins Grübeln über die Entwicklung der gegenwärtigen Kultur und Zivilisation kommen, wenn man bedenkt, daß ausgerechnet der neueste Teil der ausgebauten Flußstrecken der unansehnlichste ist. Auf halber Strecke wurde ein Frachthafen auf der grünen Wiese angelegt. In unmittelbarer Nähe zur Autobahn A 36 nach Dijon, deren Brücke etwas unterhalb den Kanalabschnitt kreuzt, soll er zum Umschlagplatz Wasserweg - Straße werden.
Die Schleuse Nummer 7 von Seurre ist die oberste von fünf Großschiffahrtsschleusen. Sie sind nach der europäischen Norm 185 Meter lang und zwölf Meter breit. Der Schleusenwärter sitzt auf einem weit sichtbaren Turm, von dem aus er Ein- und Ausfahrt und die Kammer im Blick hat. Wenn er über Sprechfunk von einem herannahenden Fahrzeug der Berufsschiffahrt erfahren hat, kann er die Freizeitschiffahrt eine Weile warten lassen, um gemeinsam zu schleusen. Die Einfahrt in die großen Schleusen von oben ist einfach, da man sich praktisch auf gleicher Höhe mit den Pollern am Rand befindet. Allerdings muß während des Schleusens umgehoben werden auf die in der Schleusenwand eingelassenen Poller weiter unten.
Weil diese Festpunkte weiter auseinanderliegen, als die üblichen Motor- und Segelyachten lang sind, sind Vor- und Achterleine während des Absinkens nicht erreichbar, so daß man sie beide mittschiffs um einen Poller schlingen und aus der freien Hand halten muß. Gleiches geschieht beim Aufwärtsschleusen, nur daß bei steigendem Wasser nach oben umgehoben werden muß. Wer zum ersten Mal von unten in eine solch große Kammer mit steilen Wänden einfährt, dem kann es schon ein wenig unheimlich werden. Allerdings gibt es in Höhe der Poller auch Leitern, die nach oben führen, so daß sich zarte Gemüter im Notfall nicht eingesperrt fühlen müssen. Das Schleusen in den Großschiffahrtsschleusen ist weniger aufregend als in mancher älteren kleineren Kammer, weil das Wasser nicht aus den Schiebern der oberen Tore auf einen niederstürzt, sondern beinahe unmerklich durch Rohrleitungen von unten eingeleitet wird.
Ein bißchen kabbelig kann es werden, wenn vor einem ein

Liegen in idyllischer Landschaft: Péniche in Ormoy (o.); Blick auf das romantische Mantoche (u.).

In Pontailler beginnt der burgundische Teil der Saône (o.); der Anleger in Lamarche (u.).

Ein Frachtschiff im Schleusenkanal (o.); die Schleuse Nummer 19 bei Poncey (u.).

Natur pur bei Les Maillys (o.); vorbildlicher Anleger in Montmerle (u.).

Das romantische Örtchen Le Villars (o.); Charlon-sur-Saône bietet viele historische Sehenswürdigkeiten (u.).

Trévoux: eine Stadt aus dem 18. Jahrhundert (o.); in Tournus beginnt das südliche Burgund (u.).

Auf dem sehr schönen, kanalisierten Flußlauf der Seille ist die Binnenschiffahrt völlig aufgegeben worden.

Der Sportboothafen von Pont de Vaux (o.); die Charterbasis von Connoisseur in Branges (u.).

Frachtschiff liegt, das nach dem Öffnen der Tore seine Schraube in Bewegung setzt. Um sich namentlich in leichten Charterbooten aus Kunststoff nicht als Spielball der Wellen fühlen zu müssen, wartet man einfach ein wenig, bis der Lastkahn die Schleuse verlassen hat. Eile auf dem Wasser macht bekanntlich wenig Sinn, und wer hier in Streß kommt, erzeugt ihn meist selbst.

Kleine Stadt am Fluß

Oberhalb und unterhalb der Großschleusen gibt es mächtige Pfähle zum Anlegen für die Berufsschiffahrt, manche mit einer kleinen Brücke zum Land, wo sich auch eine Telefonzelle befindet. Da der Platz zum Festmachen für mehrere Schiffe ausreicht, der Verkehr aber dünn ist, kann man hier auch mit kleineren Fahrzeugen warten, allerdings nicht über Nacht. Unterhalb der Schleuse von Seurre wurde ein neuer Yachthafen mit Schwimmstegen angelegt, in dem einer der beiden Reparaturbetriebe, die in St. Jean-de-Losne ansässig sind, einen Zweigbetrieb mit Betreuung vieler Privatboote aufgemacht hat. Schwimmstege liegen auch unmittelbar am alten Kai mit Blick auf eine grüne Insel im Fluß. Der Kai setzt sich weiter flußab-

Anleger in Seurre

wärts fort, wobei ein Abschnitt für ein großes Kreuzfahrtschiff reserviert ist, das mit seinen Passagieren im Sommer an bestimmten Tagen die Saône heraufkommt. Wer's ganz ruhig haben will und sein Auge von den häßlichen Ufern des Kanalstücks erholen möchte, kann unterhalb der Schleuse in westlicher Richtung den alten Flußlauf zehn Kilometer hinauftuckern und in den Dörfern Pouilly und Le Chatelet einkaufen. Beides geht freilich auch in Seurre, wo es die Auswahl einer kleinen Stadt am Fluß gibt. Unterhalb der Straßenbrücke erstreckt sich eine weitere Insel, die Fahrzeuge mit geringem Tiefgang zu beiden Seiten passieren können. Die Fahrrinne für die Berufsschiffahrt verläuft im Westen. Am dortigen Ufer öffnet sich eine Einfahrt in eine Kiesgrube, in die man vorsichtig seine Nase hineinstrecken kann. Der Tiefgang ist auf jeden Fall ausreichend, wie voll beladene Sandschuten beweisen.
Einen Kilometer flußab liegt die alte Schleuse von Seurre. Im Gegensatz zu der von St. Jean-de-Losne ist der Kanal durchgehend offen, so daß Kleinfahrzeuge zum Spaß hindurchfahren können. Bequemer ist freilich die Fahrt den Fluß hinab, auf dem die Fundamente des früheren Wehres am Ufer zu erkennen sind. Zwei Tonnen warnen davor, den Resten unter Wasser zu nahe zu kommen, und verweisen die Schiffahrt auf die Flußmitte.
Die Saône fließt nun in mehreren S-förmigen Bögen nach Südwesten, die im Rahmen eines weiteren Ausbaus begradigt werden sollen. Im Scheitelpunkt einer dieser Kurven befindet sich ein Kai mit Treppenstufen, Pollern und Ringen, von dem aus man zu einem Restaurant in einem Weiler namens Chazelles gelangen kann.
Die Fahrrinne ist in mehr oder weniger großen Abständen deutlich betonnt, wobei das Schwergewicht auf den roten Tonnen am Westufer liegt – flußabwärts betrachtet steuerbord, also rechter Hand. Am Ostufer warnen an einzelnen Stellen schwarze oder grüne Tonnen vor Untiefen oder Unterwasserhindernissen.

Vorsicht vor Unterwasserhindernissen

Durch den Ausbau der Saône zur Großschiffahrtsstraße mit höheren Staustufen in längeren Abständen als zuvor ist es zu

Überspülungen älterer Leitdämme und Uferbefestigungen gekommen. Die betonnte, streckenweise allerdings sehr breite Fahrrinne gilt also nicht nur für die Berufsschiffahrt. Freizeitboote mit geringem Tiefgang sollten sie mit Umsicht und nur mit deutlich herabgesetzter Fahrt verlassen und ein Crewmitglied am Bug postieren, das die Wassertiefe beobachtet, was durch das teilweise erstaunliche klare Wasser erleichtert wird. Ansonsten hilft im flachen Wasser der Bootshaken als Tiefenmesser besser als das Echolot, weil es in der Regel genau senkrecht unterhalb des Rumpfes mißt. So sitzt man womöglich mit dem Bug schon auf, während das Meßgerät noch ausreichend Wasser unterm Kiel anzeigt.
Die nächste Schleuse von Ecuelles ersetzt eine der traditionellen Art. Sie trägt die Nummer 6, was vermuten ließe, daß bis zur Mündung des Flusses in Lyon noch fünf weitere folgen. Das ist aber ein Irrtum, denn die Schleuse Nummer 5 von Verdun-sur-le-Doubs ist aufgehoben. Von Ecuelles bis zur nächsten Schleuse Nummer 4 von Ormes folgt ein mehr als fünfzig Kilometer langer Flußabschnitt ohne Unterbrechung. Das bedeutet aber nicht, daß die Fahrt langweilig wäre.

Die Schleuse Ecuelles trägt die Nummer 6

An der Doubs-Mündung

Zunächst geht es an einer mehr als einen Kilometer langen baumbestandenen Insel vorbei. Dann kommen die alten Schleusen von Verdun in Sicht. Sie liegen parallel, während in das ehemalige, nunmehr überspülte Wehr eine von Tonnen gekennzeichnete Bresche geschlagen wurde. Unmittelbar daneben liegt die traditionelle Schleuse, neben dieser eine riesige Kammer mit den Ausmaßen 150 mal 20 Meter. Sie entstammt einer Zeit, als man von der Großschiffahrt träumte, aber noch keine Normen für die Euro-Schubverbände festgelegt waren. Heute dient sie mit geschlossenem oberen Tor gelegentlich als Hochwasserhafen für die in Verdun liegenden Sportboote.
Der mitunter drastisch erhöhte Wasserstand rührt weniger von der Saône als von ihrem Nebenfluß Doubs her, der bei Verdun mündet. Er kommt vom Juragebirge herunter und bringt während der Schneeschmelze und bei längerwährenden Regengüssen größere Wassermassen ins Saône-Tal hinab. Verdun-sur-le-Doubs ist ein kleines Städtchen mit einer bewegten Geschichte. Daß auf einer Insel zwischen den Flüssen einst ein Schloß stand, ist heute nur mehr am Namen des Eilands zu erahnen. Der alte Stadtkern befindet sich auf einer weiteren In-

Verdun-sur-le-Doubs

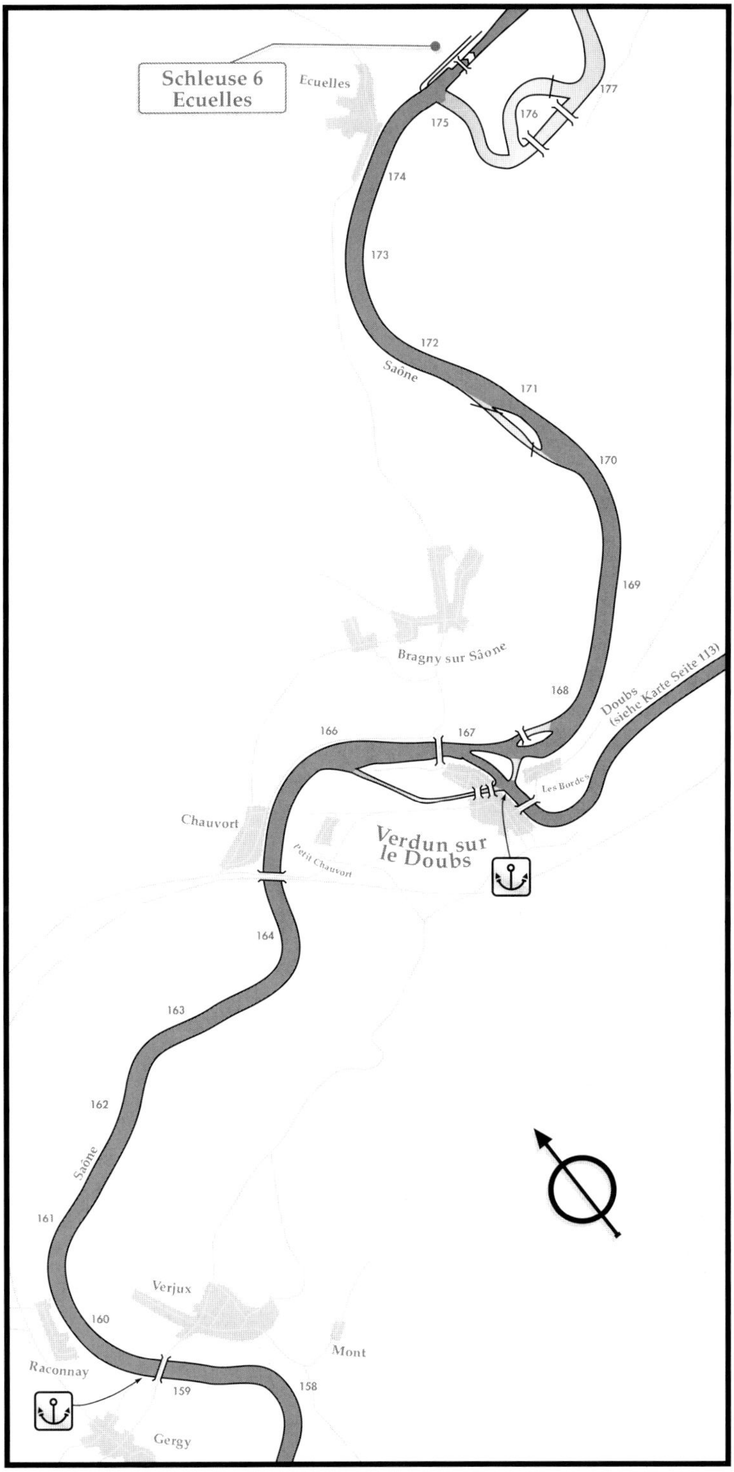
Schleuse 6
Ecuelles
Ecuelles
177
176
175
174
173
172
Saône
171
170
169
Bragny sur Sâone
168
Doubs
(siehe Karte Seite 113)
166
167
Les Bordes
Chauvort
Petit Chauvort
Verdun sur
le Doubs
164
163
162
Saône
161
Verjux
160
Mont
Raconnay
159
158
Gergy

sel zwischen zwei Doubs-Armen, das heutige lebendige Stadtzentrum in der einstigen Vorstadt.
Verdun hat zweifellos bessere Tage gesehen, als die günstige Lage an zwei Flüssen den Handel begünstigte. Andererseits war die Nähe der ehemaligen Grenze zwischen dem Stammland Burgund und der Freien Grafschaft ähnlich wie in Gray, Auxonne und St. Jean-de-Losne Ursache zahlreicher kriegerischer Ereignisse. Heute versucht sich der friedliche Ort im Tourismus, der lediglich von den mitten durch die Stadt donnernden schweren Lastkraftwagen etwas gestört wird. Ein Campingplatz am Saône-Ufer unmittelbar auf Höhe der alten Schleusenanlagen lockt im Sommer die Freunde der ultraleichten Wasserfahrzeuge wie Luftmatratzen und Gummiboote. Eine Charterbasis mit Schwimmstegen erleichtert für die Sportschifffahrt das an den alten Kais der Stadt eher schwierige Anlegen – allerdings gegen Gebühr.
Die Gastronomie wird von der burgundischen Küche geprägt, die überwiegend mit Butter anstelle von Öl kocht. Als Spezialität, die allerdings auch schon weiter flußaufwärts angeboten wird, gilt die Pôchouse. Das mit Wein angerichtete Ragout aus

Charolais-Rinder am Flußufer

vier Süßwasserfischarten kann zu einer grätenreichen Angelegenheit werden.
Wer möchte, kann den Doubs einige Kilometer flußauf fahren, wie an anderer Stelle dieses Buches beschrieben ist.

Ägypten mitten in Frankreich?

Ausgangs Verdun geht es unter einer Straßenbrücke hindurch, ein kleiner Flußarm des Doubs mündet am linken Ufer, und am Ende einer Linkskurve verlockt ein baumbestandenes sanftes Ufer zum Anlegen in freier Natur, wie es im Gegensatz zum Oberlauf der Saône nunmehr nicht mehr allzu oft ohne weiteres möglich ist. Gegenüber, etwas unterhalb einer roten Tonne, ragen zwei Obelisken unmittelbar am Ufer in den Himmel. Sollte hier ein versponnener Landmann seiner unerfüllten Liebe zu Ägypten gefrönt haben? Mitnichten! Die beiden Säulen sind die Träger einer abgebauten Brücke. Die Straße wird jetzt über eine einige hundert Meter flußabwärts gelegene Eisenbahnbrücke geführt.
Die Saône fließt nun zwischen Weideland hindurch, auf dem mitunter prächtige Rinderherden grasen, die auch zum Wasser hinunter steigen. Es sind nicht nur die in dieser Region typischen weißen Charolais-Rinder, die ihre Heimat in der etwas weiter westlich gelegenen Stadt Charolles haben. Es ist auch manches braune Tier aus den Bergen und manche schwarzbunte Kuh aus dem Flachland zu sehen. Auf Gruppen hoher Bäume lassen sich Vögel erspähen, besonders deutlich, wie Scherenschnitte gegen den Himmel, die schwarzen Kormorane.
Die nächste Ortschaft ausgangs eines weiten, beinahe halbkreisförmigen Bogens heißt Gergy. Oberhalb der Brücke am westlichen Ufer, an einem Kai, an dem – nach den Rohrleitungen zu schließen – früher Wein gebunkert wurde, hat man einen Schwimmsteg zu Wasser gelassen. Von dort gelangt man zu einem Campingplatz mit allen üblichen Einrichtungen. Nun ist es nicht mehr weit bis Chalon, der ersten größeren Stadt an der Saône mit mehr als 50 000 Einwohnern.
Zuvor gilt es aber noch eine Enge zu passieren, die namentlich bei der Berufsschiffahrt hohe Aufmerksamkeit erfordert, zumal bei Gegenverkehr. Aber auch die Freizeitskipper müssen genau

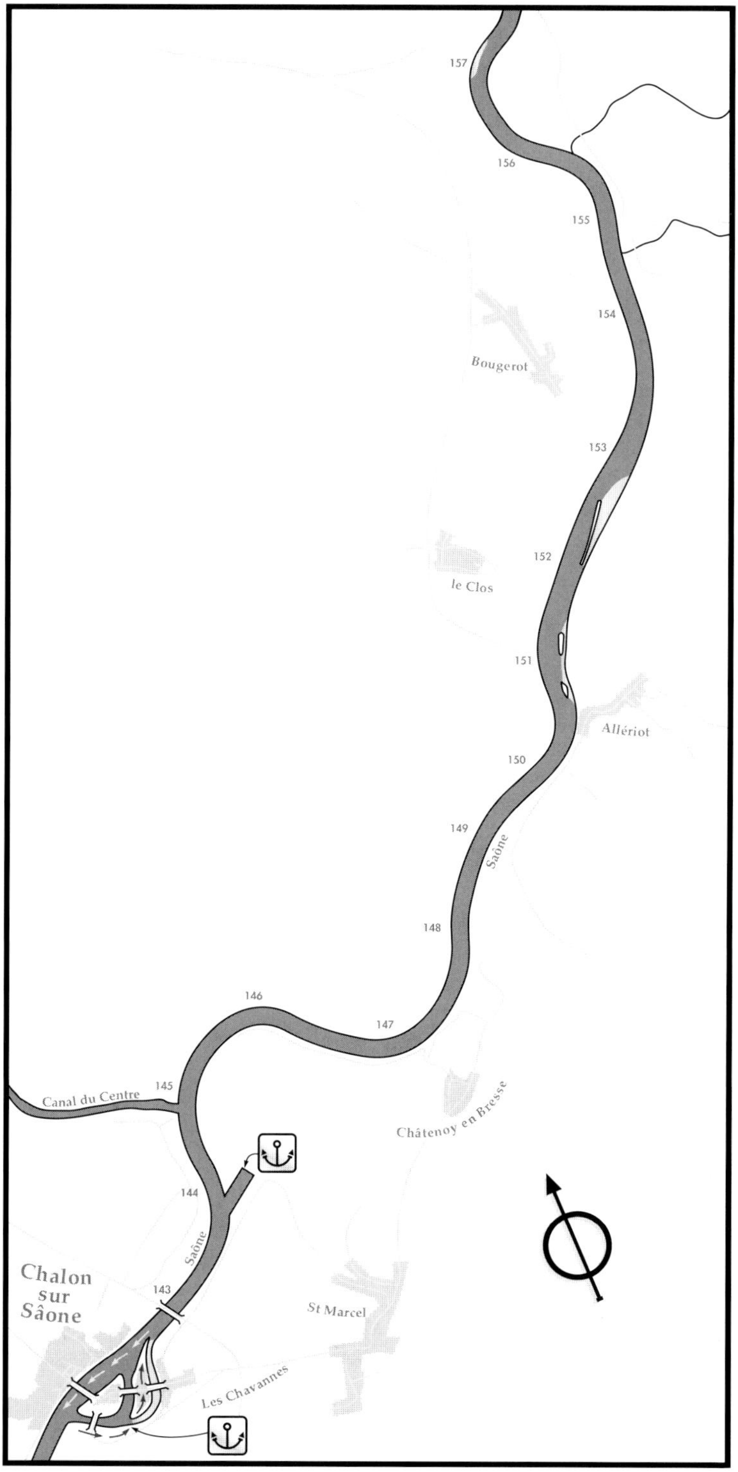
157
156
155
154
Bougerot
153
152
le Clos
151
Allériot
150
149
Saône
148
146
147
Canal du Centre
145
Châtenoy en Bresse
144
Saône
Chalon
sur
Saône
143
St Marcel
Les Chavannes

hinsehen. Denn ein schwarzer Pfosten steht mitten im Fluß, auf dem ein Schild mit einem aufgemalten Pfeil angebracht ist. Im Gegenlicht oder in der Dämmerung könnte dies als stumpfes Toppzeichen angesehen werden, wenn die Farbe und der Pfeil nicht erkennbar sind. Das hieße, daß man es an Steuerbord liegen lassen sollte. Dem ist nicht so: Man hält sich längs der roten Tonnen und läßt den Pfosten an Backbord liegen. Auf diese Weise umschifft man alle Inseln und Sandbänke zu beiden Seiten sicher.

Segler auf dem Fluß

Vor Chalon kann es passieren, daß einem plötzlich Boote unter Segeln entgegenkommen. Warum auch nicht: Der Fluß ist breit, die Strömung gering, und die Brücken liegen weit auseinander. Eingangs der Stadt hat in einem Becken am Ostufer der Yachtclub seine Heimat. Hier finden gewiß insbesondere Segler freundliche Aufnahme. Zu einem Stadtbummel liegt man aber sehr weit draußen, denn bis zum Zentrum sind es rund drei Kilometer.

Segeln auf der Saône

Zuvor zweigt am Westufer der Canal du Centre ab – eher unauffällig. Eine gelbe Tonne in der Flußmitte weist darauf hin. Besser erkennbar sind drei große Tanks und eine Werft unmittelbar an dem Wasserstraßendreieck. Im Gegensatz zu den meisten Kanälen beginnt dieser nicht mit einer Schleuse, die ihn gegen mögliches Hochwasser abschirmt. Die erste Schleuse mit einer Hubhöhe von mehr als zehn Metern befindet sich 1,5 Kilometer hinter der Abzweigung. Sie ist neueren Datums und ersetzt drei alte Schleusen, seit der Kanal hier in den 50er Jahren verlegt wurde. Der Canal du Centre führt über mehr als 100 Kilometer und 60 Schleusen zum Oberlauf der Loire.

Es geht lebhaft zu

Längs der Stadt Chalon, die sich im Wesentlichen auf dem rechten Ufer erstreckt, geht es rund drei Kilometer schnurgeradeaus. Auf diesem Flußabschnitt herrscht mitunter recht lebhaftes Treiben. Denn die langen Kaianlagen befinden sich keinesfalls im Dämmerschlaf. Gleich eingangs der Stadt zeugen Kräne vom Flußhafen, der nach wie vor in Betrieb ist. Hier legen Lastkähne verschiedener Größe an und ab. Da sie dabei auch drehen, sollte man diese Strecke mit Aufmerksamkeit passieren.

Die alte Brücke von Chalon

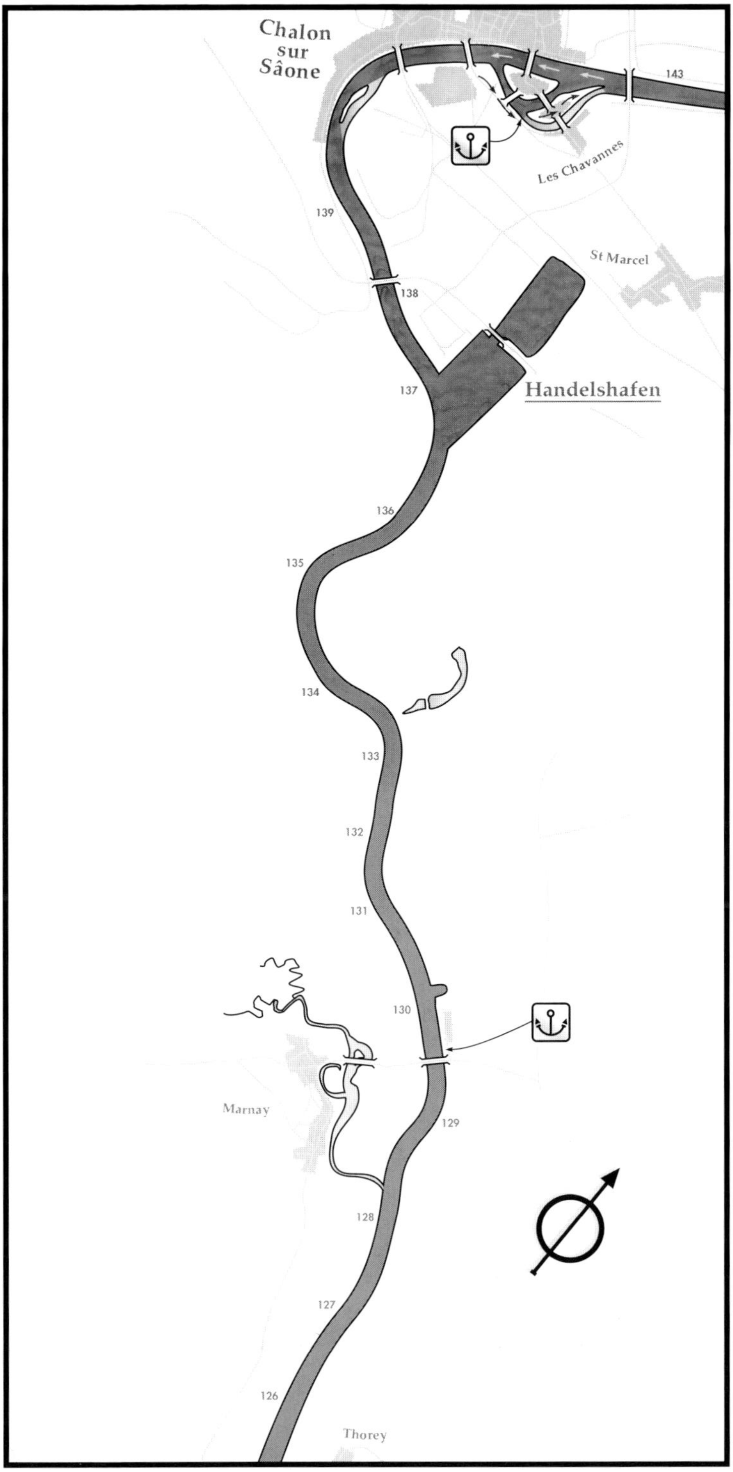
Chalon
sur
Sâone
143
Les Chavannes
139
St Marcel
138
137
Handelshafen
136
135
134
133
132
131
130
129
Marnay
128
127
126
Thorey

Nach einer modernen Straßenbrücke, die an Pylonen aufgehängt ist, kommt eine steinerne Bogenbrücke in Sicht, die das Stadtzentrum mit der Insel St. Laurent verbindet. Dahinter liegt der Sportboothafen, den man allerdings nur von unterhalb der Insel anfahren kann. Weil die Lage durch zwei Brücken etwas unübersichtlich ist, hat man den Seitenarm zur Einbahnstraße gemacht. Die Ausfahrt erfolgt also flußaufwärts gegen die sanfte Strömung. Wer dann kehrt macht und flußab weiterfährt, sollte die obere Spitze der Insel in großem Bogen umfahren: Hier ist es untief durch aufgeschüttete Steine, außerdem sind die Reste einer früheren Badeanstalt zu sehen.
Der Sportboothafen bietet alle Versorgungsmöglichkeiten und ist während der Saison gebührenpflichtig. Wer Geld sparen will, kann sich auch unmittelbar vor den Schwimmstegen dem befestigten Ufer nähern, sofern er einen bescheidenen Tiefgang hat und die Angler den lauschigen Platz nicht auf breiter Front belegt halten. Eine andere Möglichkeit besteht darin, zwischen den Pénichen ober- und unterhalb der St. Laurent-Brücke festzumachen. Hier ist die Wassertiefe sicher kein Problem, die Unruhe zu Wasser und zu Lande aber größer als in dem Nebenarm. Im Anschluß an die Liegeplätze für die Lastkähne ist noch ein

Chalon-sur-Saône bietet gute Einkaufsmöglichkeiten

Stück des Kais für die Kreuzfahrtschiffe reserviert, die regelmäßig von Süden heraufkommen. Auch von ihnen halte man sich tunlichst frei.

Schlendern und speisen in Chalon

An Chalon einfach vorbeizufahren, ist natürlich eine Sünde. Da ist zunächst die Insel St. Laurent in unmittelbarer Nähe des Hafens für die Sportschiffahrt. Auf ihr befindet sich das Krankenhaus an der Stelle eines historischen Hospizes, von dem noch einige Räume wie die Apotheke und Kapelle aus alter Zeit erhalten sind. Das von Saône-Wasser umflossene Eiland gilt aber auch als Hort der Kochkunst. Außer französischer Küche unterschiedlicher Preisklassen gibt es auch exotische Restaurants, unter anderem mit Speisen aus Nordafrika. Wer nur in Chalon übernachtet, wird es nicht leicht haben, sich für den Ort seines Abendmahls zu entscheiden – der Heimweg zum Schiff ist in jedem Fall kurz.
Natürlich lohnt auch der Weg in die Stadtmitte. Man ist gleich hinter der Brücke sofort in der Altstadt mit hübschen Plätzen und Gassen, darunter einer Fußgängerzone mit vielfältigen Einkaufsmöglichkeiten. Noch ist der Einzelhandel mit gut sortierten Fachgeschäften in Frankreich lebendiger als bei uns. Freilich gibt es auch Super- und Hypermärkte an den Stadträndern und nur per Auto zu erreichen. Unmittelbar am Sportboothafen erstreckt sich ein solches Einkaufszentrum größeren Ausmaßes, in dem es alles Mögliche zu kaufen gibt.
Unmittelbar am Saône-Ufer ist ein Museum dem berühmtesten Sohn der Stadt gewidmet: Joseph Nicéphore Niepce, geboren 1765, gilt als einer der Väter der Fotografie. Zwar wurde er mit seiner Erfindung nicht reich, aber unsterblich: Eine 1826 von ihm gemachte Aufnahme gilt als das älteste erhaltene Foto der Welt. Übrigens kommen auch die Liebhaber des alten Ägypten hier ein wenig auf ihre Kosten, und es gibt sogar einen Bezug zur Binnenschiffahrt: 1788 wurde ein Obelisk anläßlich der Eröffnung des Canal du Centre in der Stadt aufgestellt. Man erreicht ihn nach Durchquerung der Altstadt mit ihrer Fußgängerzone. Er steht in einem verkehrsumfluteten kleinen Park in der Nähe des Postamts.

Auf breitem Strom

Ausgangs Chalon verläuft die betonnte Fahrrinne mehr am westlichen Ufer. Zwei grüne Tonnen bezeichnen jeweils das Ende einer langgestreckten Insel, die östlich liegen bleibt. Die Saône ist nun wirklich zu einem breiten Strom geworden. Weil es oft mehrere Kilometer lange Geraden gibt, kann sich bei stärkerem Wind ein ordentlicher Wellengang aufbauen. Die kurzen Wellen sind zwar nicht gefährlich, können einem aber in kleineren und leichteren Booten durchaus lästig werden.
Etwa drei Kilometer südlich der Stadt ist am Ostufer ein großes Hafenbecken ausgehoben worden, das auf den anspruchsvollen Namen „Port de Commerce“ (Handelshafen) hört. Die Größe der Wasserflächen und Kais steht in keinem Verhältnis zum Umschlag, denn die Zahl der Schiffe im Hafen wirkt sehr überschaubar. In der mehrere hundert Meter breiten Ausfahrt liegt eine Reihe von Tonnen, um die Fahrrinne des Flusses von dem seeähnlichen Hafengebiet abzugrenzen. Dazwischen sieht man oft eine Reihe von Angelkähnen, die aus größerer Entfernung erst auf den zweiten Blick oder mit dem Fernglas von den Tonnen zu unterscheiden sind.
Die nächsten sieben Kilometer flußab bis zur nächsten Brücke

Ehemalige Schleuse von Gigny

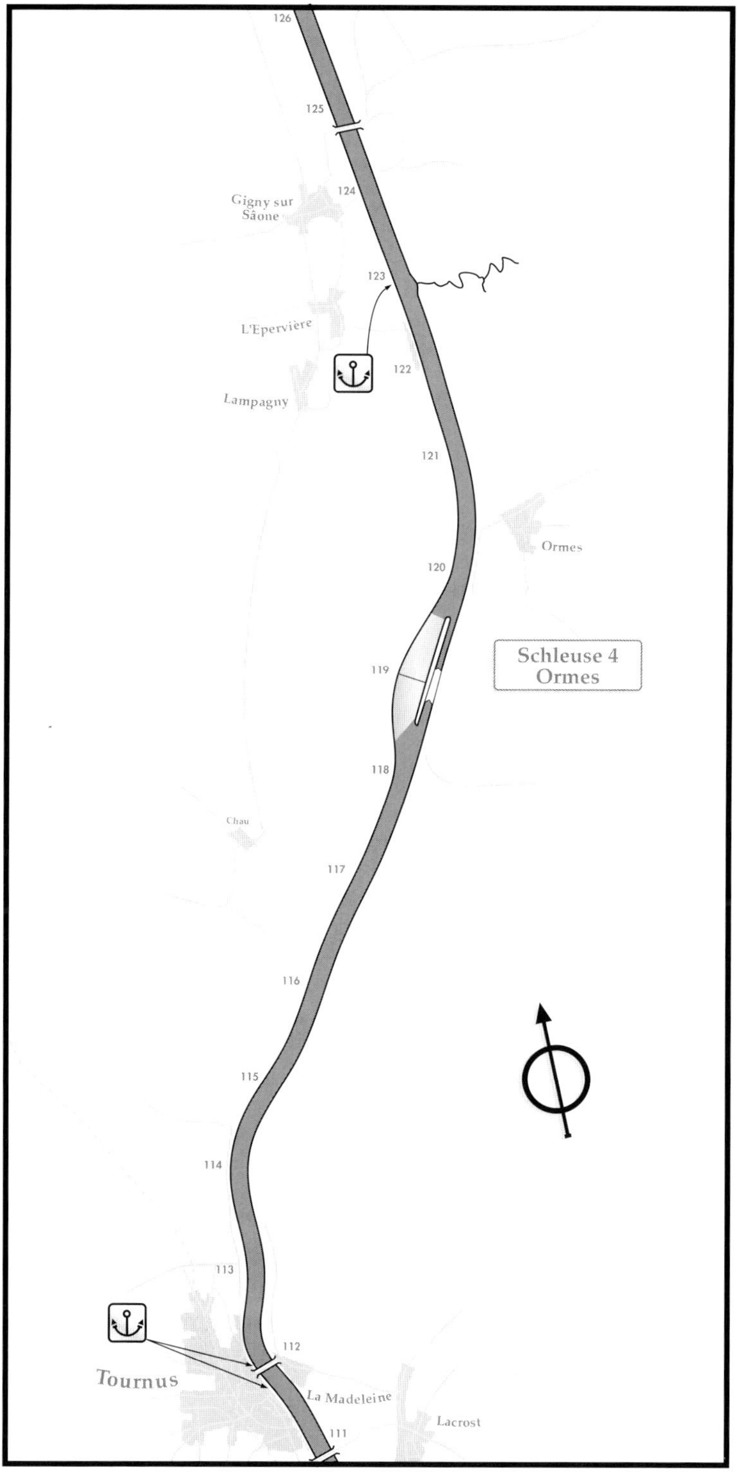
126
125
Gigny sur Sâone
124
123
L'Epervière
122
Lampagny
121
Ormes
120
Schleuse 4 Ormes
119
118
Chau
117
116
115
114
113
112
Tournus
La Madeleine
Lacrost
111

sind ohne Besonderheiten, wenn man von zeitweise ausgesetzten schwimmenden Schwärmen von Lockenten in Ufernähe absieht. In unmittelbarer Nähe der Plastiktiere, die zur Jagdzeit lebende Artgenossen anlocken sollen, stehen am Ufer mehr oder weniger kunstvoll getarnte Hütten, in der sich die Männer mit den Schießeisen verstecken. Wenn es auch hin und wieder in Frankreich Jagdunfälle gibt, so ist über versehentlich getroffene Schiffer bisher nichts bekannt geworden.
Unterhalb der Brücke von Ouroux, einem etwa einen Kilometer vom Fluß entfernten Ort, steht ein Restaurant am östlichen Ufer, das einen Schwimmsteg ausgelegt hat, um Gästen von dieser Seite den Zugang zu erleichtern.

Alte Schleuse als Hafen

Wiederum sieben Kilometer weiter fährt man an der aufgegebenen Schleuse von Gigny vorbei, die von ähnlichem Ausmaß wie das stillgelegte Gegenstück von Verdun ist. Auch hier wurde das dazugehörige Wehr nicht zur Gänze entfernt, vielmehr hat man lediglich eine Schneise zur Durchfahrt hineingeschlagen, die durch rote und grüne Tonnen deutlich gekennzeichnet ist. Der Rest liegt unter Wasser. Die alte

Frachtschiff vor Tournus

Schleusenkammer wird als Sportboothafen genutzt, unter anderem von einer kleinen Chartergesellschaft. Demzufolge gibt es dort zum Beispiel Trinkwasser. Unter den Häusern an Land unmittelbar an der alten Schleuse – das Dorf Gigny liegt etwas flußaufwärts in Sichtweite des Flusses – befindet sich ein Restaurant.
Die nächste Schleuse von Ormes trägt die Nummer 4. Es gibt keinen langen oder gar gewundenen Schleusenkanal, nur schnurgerade kurze Zufahrten zur Kammer. Das Wehr liegt auf gleicher Höhe mit der Schleuse. Die weitere Strecke bis zur nächsten Stadt Tournus hat viele Untiefen zu beiden Seiten. Teilweise erkennt man sie an Binsen, die aus dem Wasser ragen, es gibt auch langgestreckte Mauerreste. Wer an einer gedachten Linie zwischen den roten Tonnen entlangfährt, kommt nicht in Schwierigkeiten.

Kloster als Wahrzeichen

Die Stadt Tournus, die erhöht über dem Fluß liegt, ist schon von weitem an den Türmen ihres Klosters zu erkennen. Es hat eine ebenso wechselvolle Geschichte wie die Stadt, die schon zu Zeiten der Gallier und Römer als Siedlungsplatz diente. Aber zuerst müssen wir an Land kommen! Das ist kein Problem. Oberhalb der recht neuen Brücke von Tournus an der Stadtseite gibt es einen festen Kai mit einem Wasseranschluß an der etwas zurückgesetzten Mauer. Es ist dort allerdings stellenweise etwas untief, so daß bei Annäherung Vorsicht geboten ist. Viel einfacher ist das Anlegen an einem Schwimmsteg gleich unterhalb der Brücke. Er ist an so riesigen und stabilen Pfählen festgemacht, als sollten an ihm Seeschiffe einem Jahrhunderthochwasser trotzen können. Aber er ist tatsächlich eigens für die Freizeitschiffahrt bestimmt. Die Wasserhähne waren zum Zeitpunkt unserer Passage leider nur Attrappe. Auch unterhalb dieses Stegs gibt es noch Landemöglichkeiten unmittelbar am Kai. Man achte aber auf die Schilder, auf denen kundgetan wird, daß manche Abschnitte zu bestimmten Zeiten für Passagierschiffe freigehalten werden müssen. Am Sandladekai weiter flußabwärts wird es dann zusehends ungemütlicher. Wer ganz exklusiv liegen will, kann dies an einem kleinen Steg am gegen-

überliegenden Ufer tun – um den Preis einer Mahlzeit im dazugehörigen Hotel mit Restaurant.
Oberhalb der Kais gibt es so etwas wie eine Uferpromenade unter den typisch zurechtgeschnittenen Platanen, die dichte grüne Dächer bilden. Bei einem Stadtbummel kommt man natürlich an der romanischen Klosterkirche St. Philibert nicht vorbei. Sie gilt als eines der bedeutendsten Zeugnisse der frühen Romanik nicht nur in Burgund, sondern in ganz Europa. Um sie herum konzentriert sich auch der überschaubare Tourismus und die preislich gehobene Gastronomie und Hotellerie. In den Gassen des südlichen Teils der Stadt geht es etwas bescheidener, aber keineswegs weniger malerisch zu.

Anleger in Tournus

An der Seille-Mündung

Unterhalb von Tournus geht es wieder einige Kilometer geradeaus in südlicher Richtung. Die Eisenbahnlinie läuft hier unmittelbar neben dem Fluß, was aber während der Fahrt nicht weiter stört, weil ein tuckernder Schiffsdiesel das beherrschende Geräusch ist. Hinter der nächsten Biegung kommt die Mündung des Nebenflusses Seille in Sicht. Der erste Mündungsarm ist nicht befahrbar, weil er unterhalb eines Wehres liegt. Nach einem halben Kilometer weiter ist eine recht enge Fahrrinne betonnt. In einer Kurve geht es zur Einfahrtsschleuse. Diese Zufahrt ist ziemlich verschlammt, und bei Gegenverkehr trüben beide Schrauben das Wasser kräftig. Mehr über die sehr lohnende Fahrt auf der Seille ist in einem eigenen Kapitel dieses Buches zu lesen, s. S. 114.
Auf den nächsten Kilometern gibt es zwei Anlegemöglichkeiten: Etwa vier Kilometer unterhalb der Seille-Mündung liegt am Westufer der Campingplatz von Port d'Uchizy, knapp zwei Kilometer weiter ein Gasthof mit dem schönen Namen „Jean de Saône". Oberhalb des Gehöfts mündet ein Bach in den Fluß. Daneben, also noch ein wenig flußaufwärts, gibt es eine Anlegemöglichkeit.

Reyssouze: Idylle am Nebenfluß

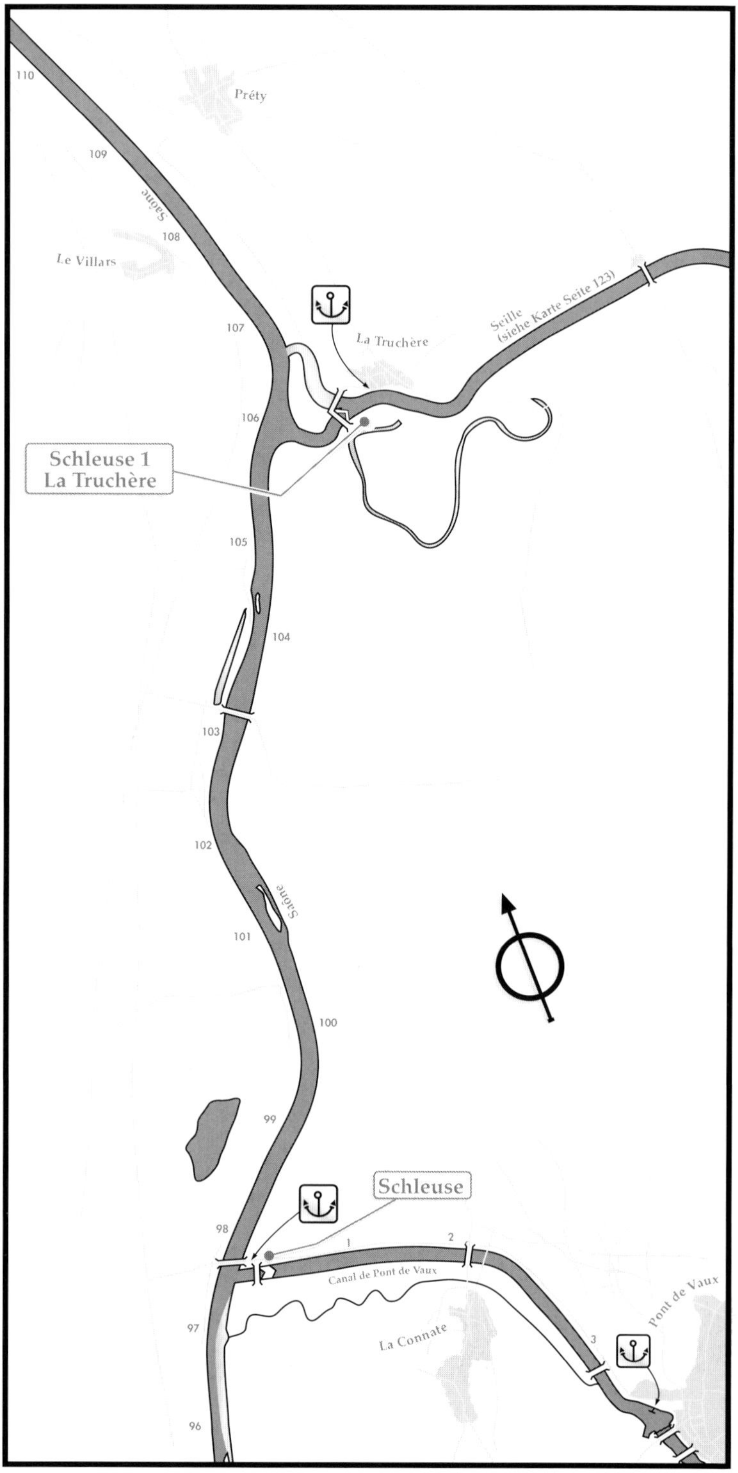

110
Préty
109
Saône
108
Le Villars
107
La Truchère
Seille
(siehe Karte Seite 123)
106
Schleuse 1
La Truchère
105
104
103
102
Saône
101
100
99
Schleuse
98
1
2
Canal de Pont de Vaux
97
La Connate
Pont de Vaux
3
96

Wir befinden uns hier auf einer 57 Kilometer langen Stauhaltung. Hinter der nächsten Brücke liegt im Westen ein Sandladekai und ein Restaurant, im Osten die Basis eines Wassersportclubs, und dort beginnt der Canal de Pont-de-Vaux.
Er wird von dem Flüßchen Reyssouze gespeist und führt zur Kleinstadt Pont-de-Vaux. Der 3,7 Kilometer lange Wasserlauf wurde erst Mitte der neunziger Jahre wieder instandgesetzt. Der angegebene Tiefgang von 1,20 Meter macht die Sache für größere Segelyachten schwierig; es bleibt in diesem Fall der Landweg unter Bäumen unmittelbar neben dem Wasser.

Schleuse am Canal de Pont-de-Vaux

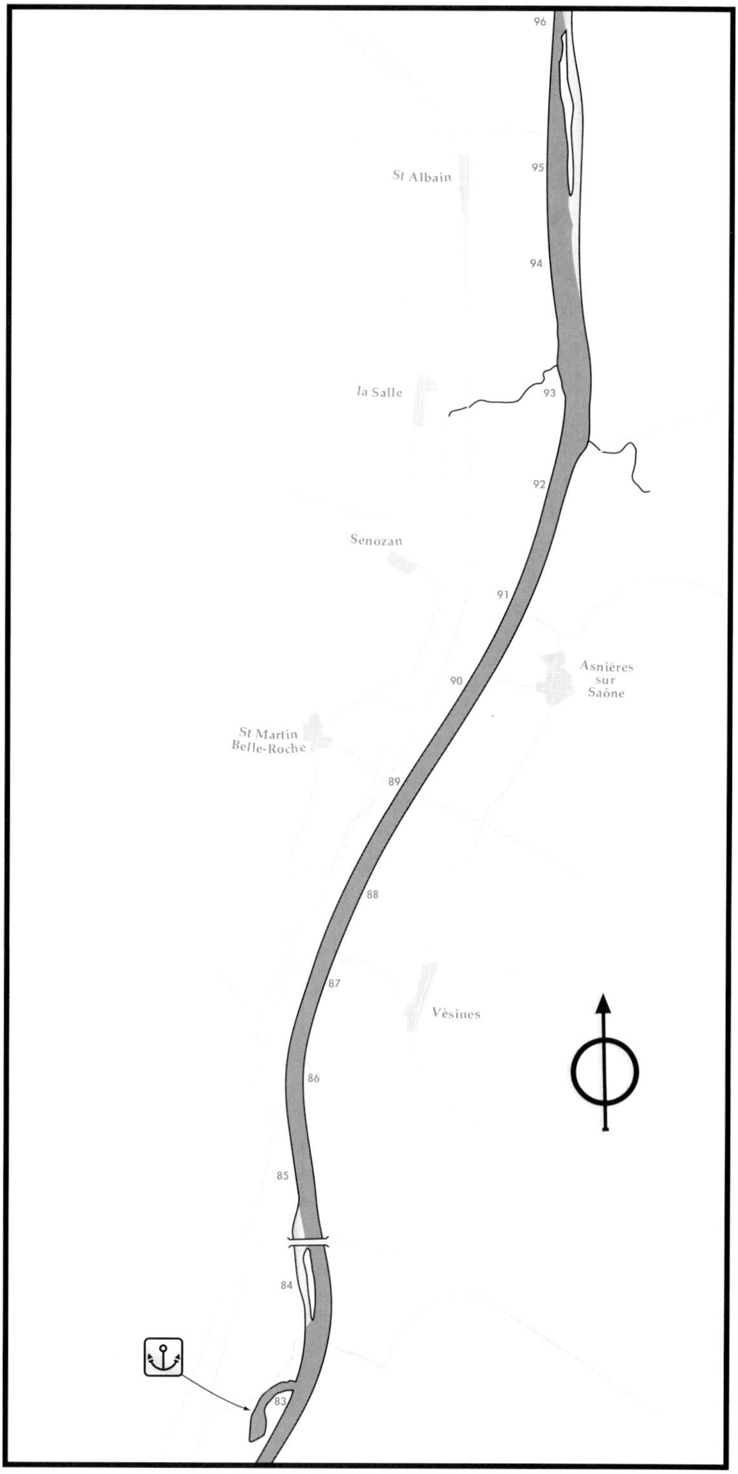
96
95
St Albain
94
la Salle
93
92
Senozan
91
Asnières
sur
Saône
90
St Martin
Belle-Roche
89
88
87
Vèsines
86
85
84
83

Die einzige Schleuse traditioneller Größe in die Saône ist leider nicht hochwassertauglich, so daß man bei erhöhtem Wasserstand nicht in den Kanal einfahren kann beziehungsweise in ihm festsitzt. Vor der Kammer hat man den Kai erneuert, die Schleuse selbst arbeitet auf Knopfdruck elektrisch. Wie das genau geht, ist auf narrensicheren Schaubildern unterhalb der Brücke abzulesen, von der die Kammer überspannt wird.
Die Kanalstrecke wird von Anglern belagert, die mehr oder weniger freundlich um langsame Fahrt bitten. An vier Stellen unterwegs wurden Kais mit Pollern angelegt. Im Hafen am Ende der Schiffbarkeit werden Liegegebühren erhoben. Der Liegeplatz ist sehr hübsch. Man blickt auf ein Wehr und ein schön restauriertes altes Mühlengebäude. Das Flüßchen Reyssouze bietet oberhalb des Wehrs manch lauschigen Winkel, die Stadt einige architektonische Kleinodien. Es gibt selbstverständlich Einkaufsmöglichkeiten in unmittelbarer Nähe, weil der Hafen nahe der Ortsmitte liegt. Mit Lob und Tadel für die Gastronomie sind wir grundsätzlich vorsichtig, weil sich alles in kürzester Frist zum Guten oder weniger Guten hin ändern kann. Dennoch möchten wir hier eine angenehme Erfahrung weitergeben: Im Restaurant „Raisin“, zu deutsch „Traube“, haben wir zu durchschnittlichen Preisen überdurchschnittlich gespeist.

Sportboothafen Mâcon

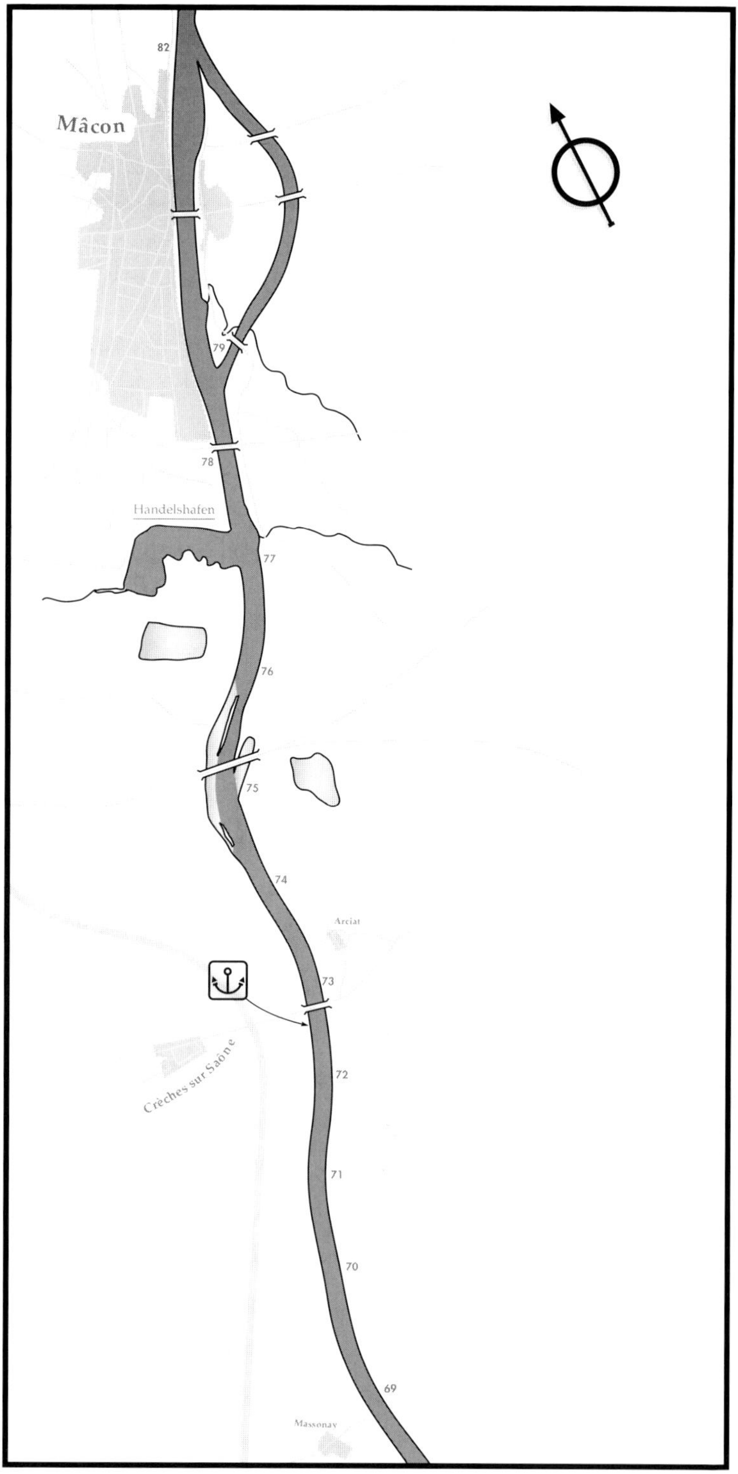
Mâcon
82
79
78
Handelshafen
77
76
75
74
Arciat
73
72
Crèches sur Saône
71
70
69
Massonay

Bis zur nächsten Stadt Mâcon geht es etwa zwölf Kilometer durch eine Fahrrinne, die gut gekennzeichnet zwischen Untiefen hindurchführt. Sie werden teilweise durch die Mündungen mehrerer kleiner Flüsse zu beiden Seiten hervorgerufen, die Geröll in die Saône schwemmen. Restaurants mit Stegen laden bei Stromkilometer 89 am Westufer und bei Kilometer 91 und 87 am Ostufer ein.

Die Weinstadt Mâcon in Sicht

Nach Passieren einer Brücke und anschließender Insel rechter Hand kommt bei Kilometer 83 die Einfahrt zum Sportboothafen von Mâcon in Sicht. Hier sieht es aus wie in einem richtigen Yachthafen mit stolzen Schiffen, was nicht zuletzt vom Wohlstand der Stadt herrührt. Mâcon ist ein Zentrum des Weinhandels mit der alljährlich abgehaltenen französischen Weinmesse. Das Haus des Weines widmet sich den beiden nahegelegenen Anbaugebieten Mâconnais und Beaujolais. Die Saône fließt zwar durch berühmte Weinberge, aber sie liegen kaum in Sichtweite, sondern am Rande des breiten Flußtals zehn Kilometer und mehr entfernt.
Wahrzeichen der Stadt ist die St. Laurent-Brücke, die beinahe

Die St. Laurent-Brücke in Mâcon

dem Ausbau des Flusses mindestens teilweise hätte weichen müssen: Die Bogen des aus dem 15. Jahrhundert stammenden Bauwerks sind zu schmal für die Großschiffahrt. Um sie in voller Schönheit zu erhalten, wurde eigens eine drei Kilometer lange Umgehungsstrecke am Ostufer gegraben. Weil der Yachthafen im Norden weit außerhalb der Stadt liegt, ist es eine Überlegung wert, ob man nicht lieber mit Blick auf die historische Brücke an den traditionellen Kais festmacht. Ringe im mitunter schräg ansteigenden Mauerwerk lassen sich finden. Hier ist man mitten in der Stadt mit dem Vorteil der kurzen Wege und dem Nachteil des größeren Lärms und Getriebes.

Die Ruhe der Provinz

Wer die Unruhe der Großstädte gar nicht mag, findet nur wenige Kilometer südlich in Port Arciat unterhalb der Brücke am Westufer alles, was er braucht: einen Schwimmsteg, ein Restaurant und bei Bedarf auch die Duschen des dazugehörigen Campingplatzes. Zuvor geht es aber erst an der von Osten kommenden betonnten Einmüdung des Umgehungskanals und dem am Südende der Stadt liegenden Handelshafen vorbei. Zwei Kilometer weiter überquert der Hochgeschwindigkeitszug TGV den Fluß. Man kann von nun an im weiteren Verlauf der Saône davon ausgehen, daß sich grundsätzlich an den teilweise viele Kilometer auseinanderliegenden Straßenbrücken mehr oder weniger gute Gelegenheiten zum Anlegen befinden.
Entweder gibt es an den Flußübergängen Dörfer oder Städte, oder an den Brückenköpfen haben sich kleine Siedlungen gebildet. Der nächste Ort St. Romain-des-Iles ist ein typisches Beispiel: Oberhalb der Brücke gibt es am westlichen Ufer einen festen Kai, an dem auch die Möglichkeit zum Wasserfassen besteht. Gegenüber liegt ein kurzer Schwimmsteg für ein Boot vor einem Restaurant. Die zur Durchfahrt geeigneten Brückenbogen sind auf beiden Seiten mit Schildern gekennzeichnet. Zusätzlich sind auf dem zur Großschiffahrtsstraße ausgebauten Teil des Flusses vor den Pfeilern, zwischen denen die Fahrrinne verläuft, Radarreflektoren angebracht. Sie erleichtern die Fahrt bei Dunkelheit und unsichtigem Wetter, sofern die entsprechende Technik an Bord ist.

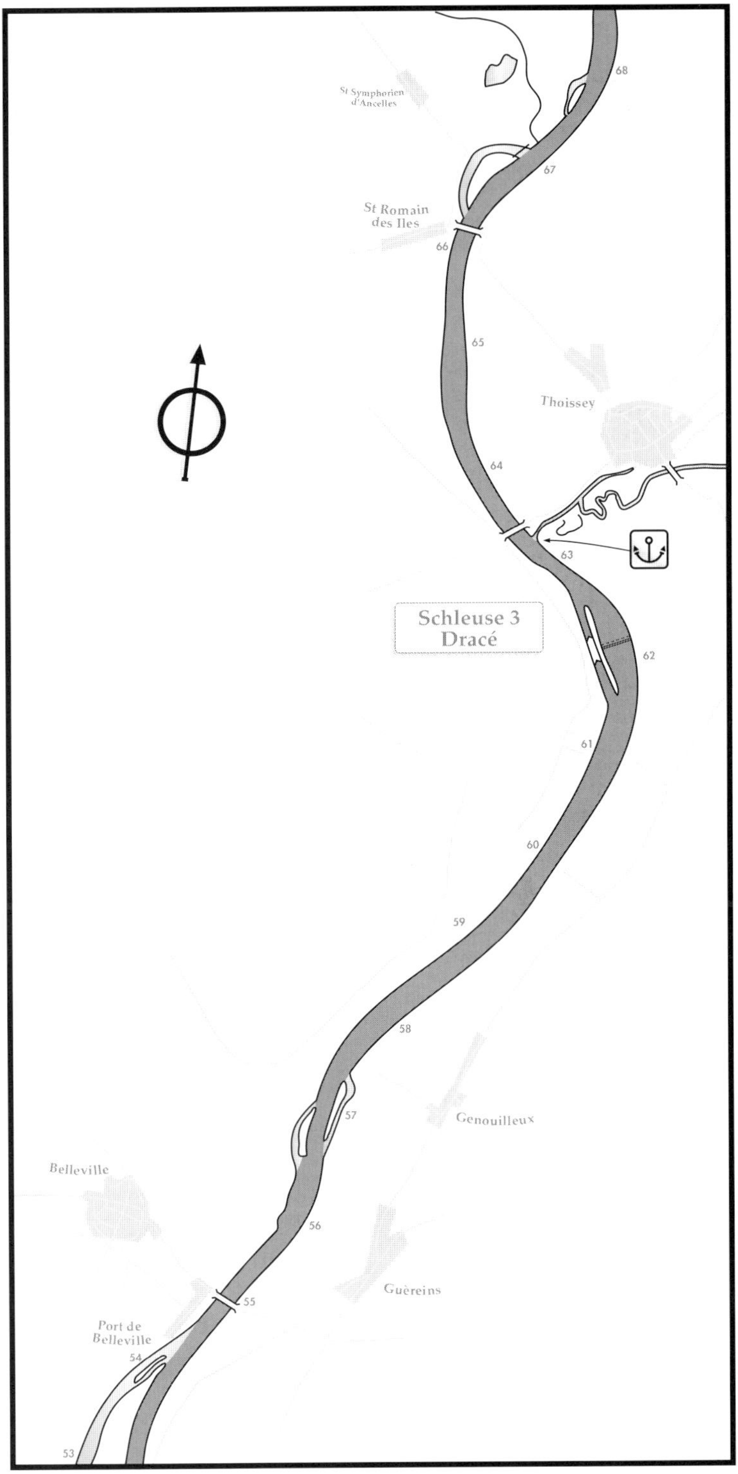
St Symphorien d'Ancelles
68
67
St Romain des Iles
66
65
Thoissey
64
63
Schleuse 3 Dracé
62
61
60
59
58
57
Genouilleux
Belleville
56
Guèreins
55
Port de Belleville
54
53

Drei Kilometer weiter gibt es eine Anlegemöglichkeit unterhalb der Brücke von Thoissey, wo sich auch ein Campingplatz und ein vielbesuchtes Restaurant befinden. Der Ort selbst liegt etwa einen Kilometer landeinwärts. Wer es nicht eilig hat, dem sei der Weg dorthin unter einer wunderschönen Platanenallee empfohlen, die sich wie ein grünes Gewölbe über die Straße spannt. Von diesem Liegeplatz aus ist schon die Schleuse Nummer 3 von Dracé zu erkennen, die sich durch keinerlei Besonderheit auszeichnet.

Schöne Ufer der Erinnerung

Einen Kilometer weiter bleibt die alte Schleuse von Thoissey am Ostufer liegen. Sie taugt nicht einmal als Nothalt, da ein hoher Maschendrahtzaun jeglichen Zugang zum Land verhindert. Belleville, wo die nächste Brücke über die Saône führt, macht seinem Namen („schöne Stadt“) vom Wasser aus wenig Ehre. Anlegen am Sandladekai unterhalb der Brücke ist nicht verlockend, am anderen Ufer sieht es trostlos aus. Besser ist es drei Kilometer flußabwärts in Montmerle, wo ein Schwimmsteg mit Wasseranschluß zum Festmachen einlädt. Wer in dieser Gegend eine Pause einlegen will, tut es vielleicht am besten

Der Anleger in Montmerle

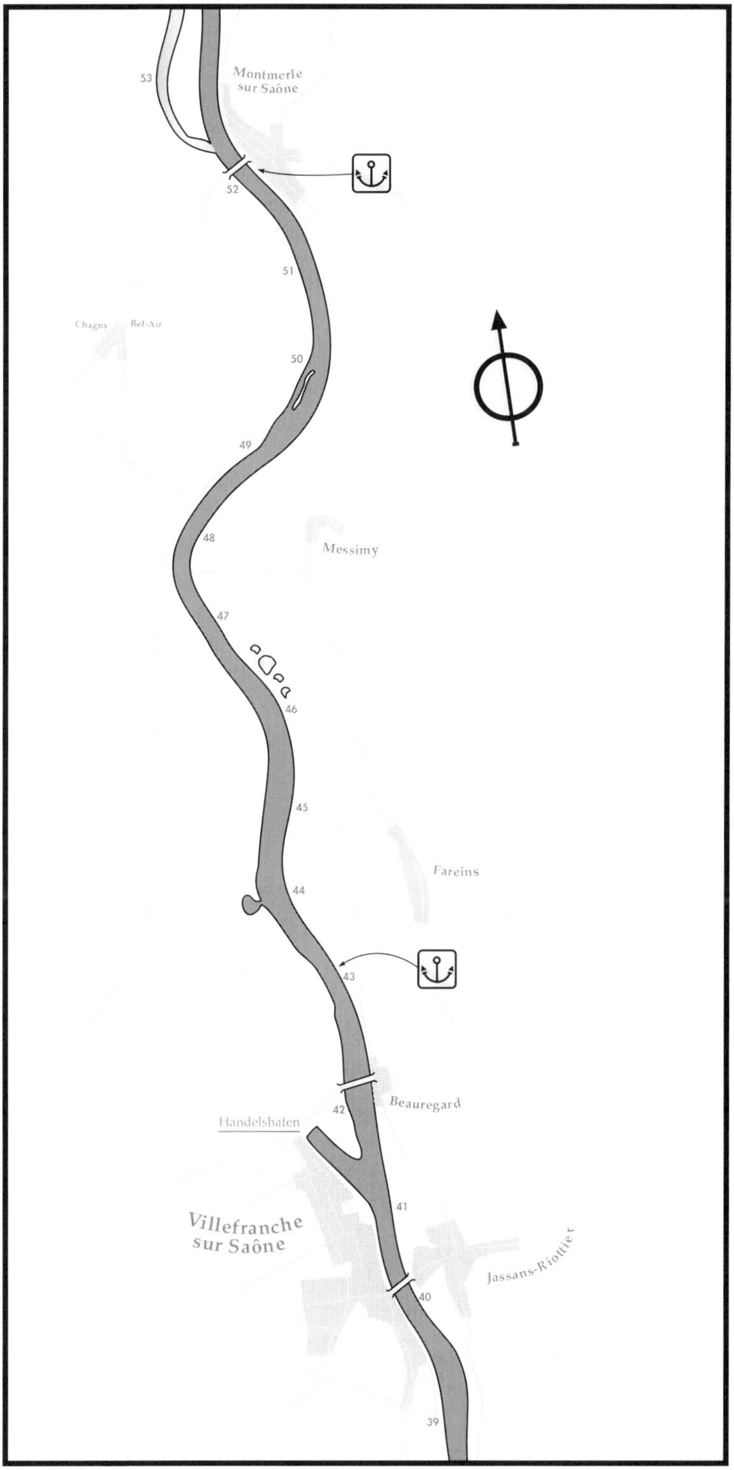
Montmerle
sur Saône
53
52
51
Chagny
Bel-Air
50
49
48
Messimy
47
46
45
Fareins
44
43
Beauregard
42
Handelshafen
41
Villefranche
sur Saône
Jassans-Riottier
40
39

hier, denn rund zwanzig Kilometer lang bis Trévoux können keine Anlegeplätze empfohlen werden. Die Reise geht an Villefranche vorbei, das als Zentrum des Beaujolais gilt.
Vom Sportboothafen sind es mehr als drei Kilometer bis in die Stadt. Der am Nordende gelegene Handelshafen neueren Datums taugt ebensowenig für Freizeitboote wie die verfallenden Kais unterhalb der Brücke. Am Ostufer der Brücke hört ein von Sand- und Kiesbergen fast verschüttetes Restaurant auf den malerischen Namen „Beaurivage", was so viel wie „schönes Ufer" heißt. Die Zeiten, da das zutraf, sind eine Weile her. Auch in dem schon erwähnten Trévoux ist das Anlegen nicht einfach. Oberhalb der unteren Brücke am westlichen Ufer gibt es Stege eines Wassersportclubs. Am Ostufer oberhalb und zwischen den Brücken unmittelbar an der Stadt erstrecken sich längere Kais, die aber recht hoch sind und regelmäßig von Ausflugsschiffen aus dem nur noch rund dreißig Kilometer entfernten Lyon angelaufen werden. Unbemannt sollte man sein Boot hier besser nicht liegen lassen, weil es Ärger mit der Passagierschiffahrt geben kann.
Ein Aufenthalt in Trévoux ist aber in jedem Fall ratsam. Schon vom Fluß aus bietet die an einem Flußbogen am Hang errichtete Stadt einen bewundernswerten Anblick – vielleicht das

Die Brücke von Villefranche

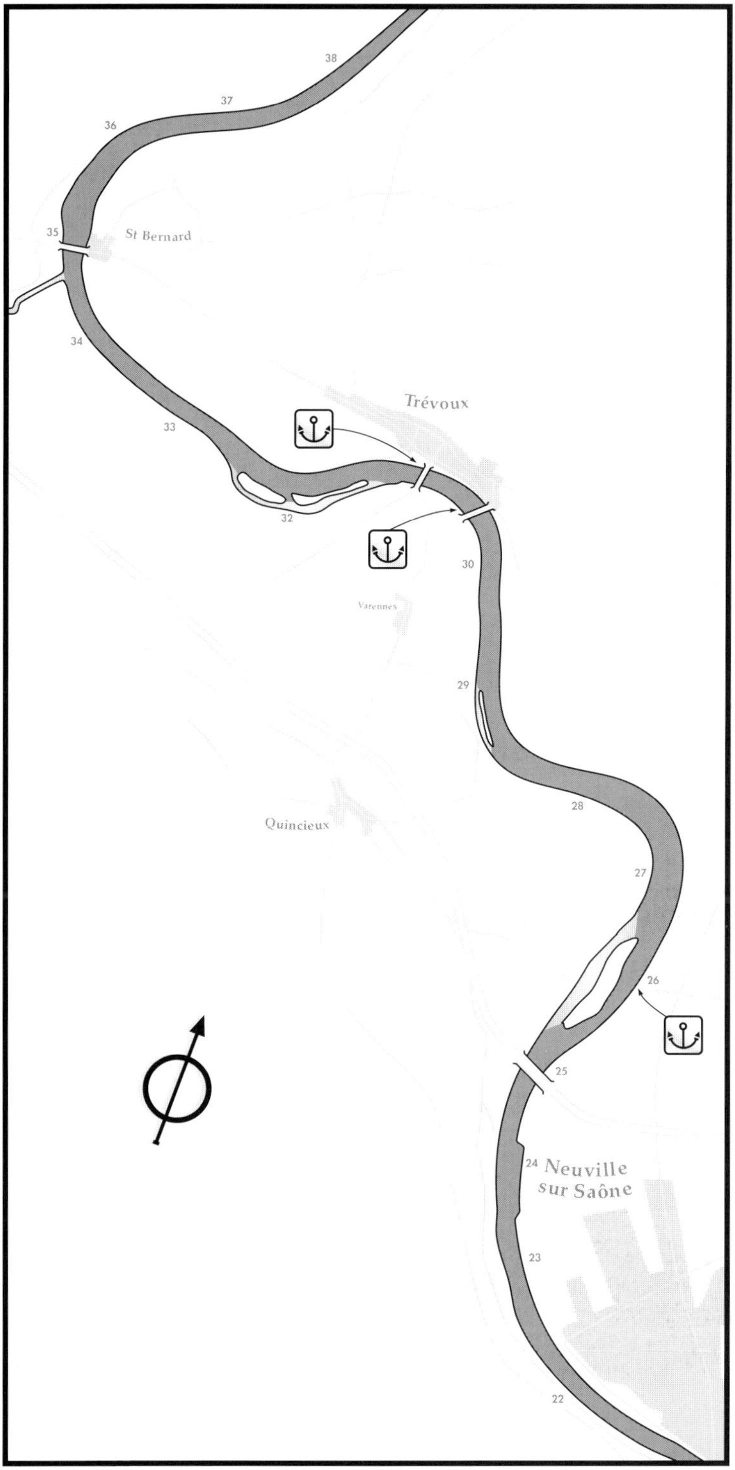

38
37
36
35
St Bernard
34
Trévoux
33
32
30
Varennes
29
28
Quincieux
27
26
25
24
Neuville
sur Saône
23
22

schönste Panorama längs des gesamten Verlaufs der Saône. Die alte Stadt hat eine lange demokratische Tradition. Sie war Hauptstadt eines kleinen liberalen Fürstentums. Dieser Staat hatte ein eigenes Parlament und konnte seine Unabhängigkeit bis 1762 bewahren. Aus der Blütezeit sind zahlreiche architektonische Zeugnisse bei einem Gang durch die Gassen zu bewundern: drei Türme als Reste einer krönenden Burg aus dem 10. Jahrhundert, der ehemalige Parlamentspalast, das Hospital, das Gerichtsgebäude und zahlreiche Bürgerhäuser.
Wir sind hier übrigens nicht mehr in Burgund, das wir kurz hinter Mâcon verlassen haben. Die Region heißt Rhône-Alpes, obwohl noch keiner der beiden Namensgeber zu sehen ist. Der allmähliche Übergang vom burgundisch-mitteleuropäischen Äußeren von Landschaft und Siedlungen ins südlich-mediterrane hat längst irgendwo zwischen Chalon und Tournus begonnen. Diese nach außen gewendete Stimmung ist zum Beispiel in Neuville, der nächsten größeren Stadt, deutlich zu fühlen.

Der Süden wird spürbar

Wer an einem sonnigen Sonntagvormittag dort hinkommt, fühlt sich in dem Menschengetriebe wie an der Mittelmeerküste. Vor

Trévoux

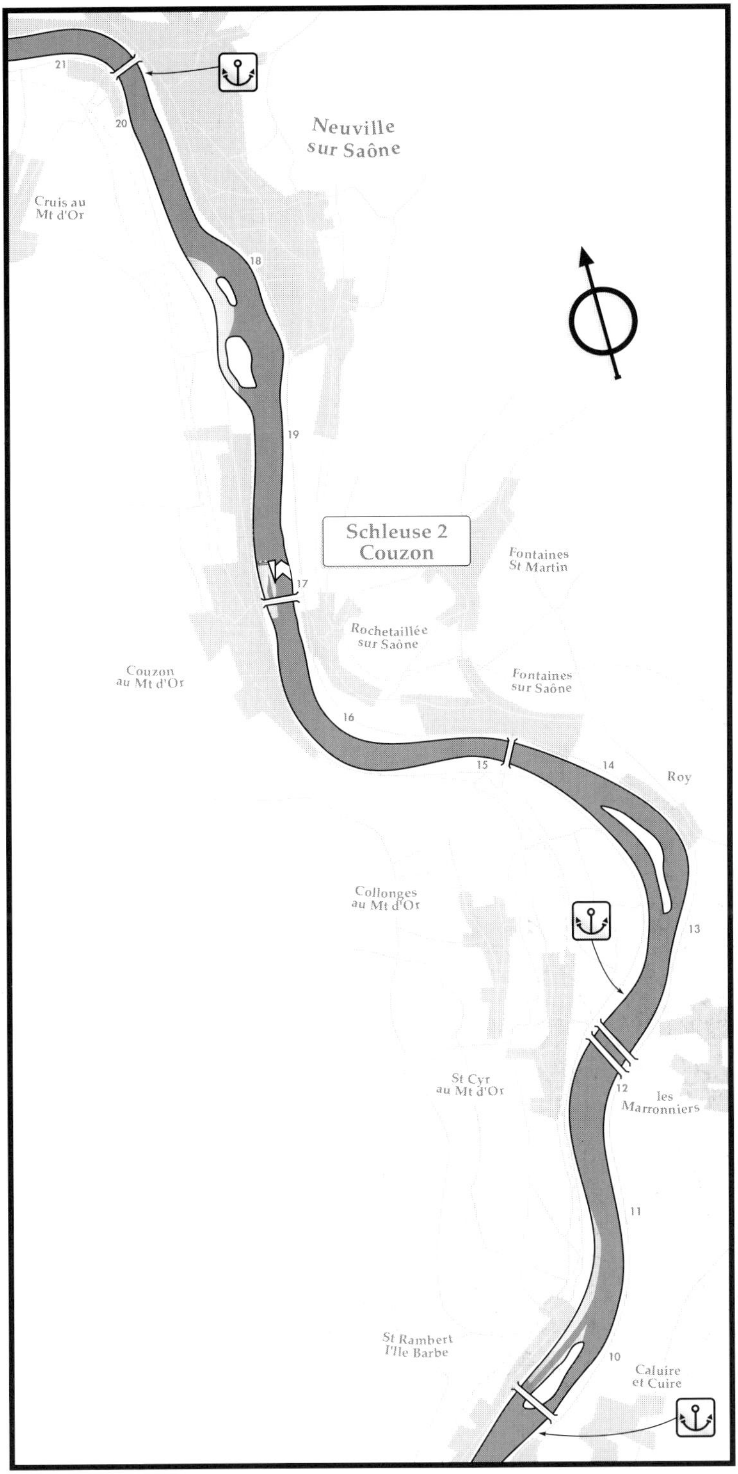
Neuville
sur Saône
Cruis au
Mt d'Or
Schleuse 2
Couzon
Fontaines
St Martin
Rochetaillée
sur Saône
Couzon
au Mt d'Or
Fontaines
sur Saône
Roy
Collonges
au Mt d'Or
St Cyr
au Mt d'Or
les
Marronniers
St Rambert
l'Ile Barbe
Caluire
et Cuire
21
20
18
19
17
16
15
14
13
12
11
10

Neuville wird aber noch die ehemalige Schleuse von Port Bernalin passiert, die heute als Marina samt angeschlossenem Campingplatz dient. Zwei Kilometer weiter gibt es am Ostufer einen ausgebauten Sportboothafen mit allen Einrichtungen. Wenig mehr als einen Kilomter südlich am gegenüberliegenden Ufer hatte einst ein angesehener Yachtclub seinen Sitz. Heute hat in den Hallen, die einst der Überwinterung der Schiffe dienten, eine Werft Platz gefunden. Im Clubhaus gibt es ein Restaurant, und auf der Wasserfläche davor kann man sich auf Skiern auf dem Fluß bewegen.
Die Stadt Neuville heißt nicht etwa „Neustadt", wie die wörtliche Übersetzung schiene. Interessanterweise war das der Nachname eines Lyoner Bischofs im 17. Jahrhundert, der hier seinen Sommersitz hatte. Die Stadtverwaltung residiert in einem Schloß. In älteren Führern wird behauptet, in Neuville anzulegen sei schwierig bis unmöglich. Dem ist nicht so! Unmittelbar unterhalb der Brücke am städtischen Ufer ist ein Kai befestigt und der Fluß ausgebaggert worden. Die stolz auf einem Schild verkündete Wassertiefe von zwei Metern ist allerdings nicht durchgängig wörtlich zu nehmen. Wasser ist leider nur in einem recht weit entfernten Toilettenhäuschen zu haben, zu dem auf Booten mitgeführte Schläuche in aller Regel nicht reichen. In

Die Brücke von Neuville

Notfällen wird man sich mit dem Auffüllen von Gefäßen begnügen müssen.
Wir sind vor dem erwähnten sonntäglichen Getümmel auf das andere Ufer entwichen und haben dort gut gespeist – den Blick auf die Saône inbegriffen und auf amüsante Gäste dazu, die ihren Hund auf einem eigens mitgebrachten Klappstuhl am Tisch Platz nehmen ließen.

Im Schatten der großen Stadt

Die nahe Großstadt – Lyon ist die zweitgrößte Frankreichs – wird nun durch beinahe durchgehende Besiedelung zu beiden Seiten des Flusses spürbar. Die Wassersportfreunde der Stadt haben sich zum Teil vor deren Toren angesiedelt, so daß es an kleinen Häfen, Clubs und Reparaturwerkstätten nicht fehlt. Gleich zwei haben sich zum Beispiel bei Stromkilometer 18 am Westufer unmittelbar unterhalb einer Insel niedergelassen.
Danach geht es durch die letzte Saône-Schleuse. Sie trägt den Namen des am gegenüberliegenden Ufer befindlichen Ortes Couzon. Es wird empfohlen, in Absprache mit dem Schleusenwärter am äußersten Ende des Wartekais festzumachen, wenn man das Automobilmuseum im Schloß von Rochetaillée be-

Schleuse 2 Couzon

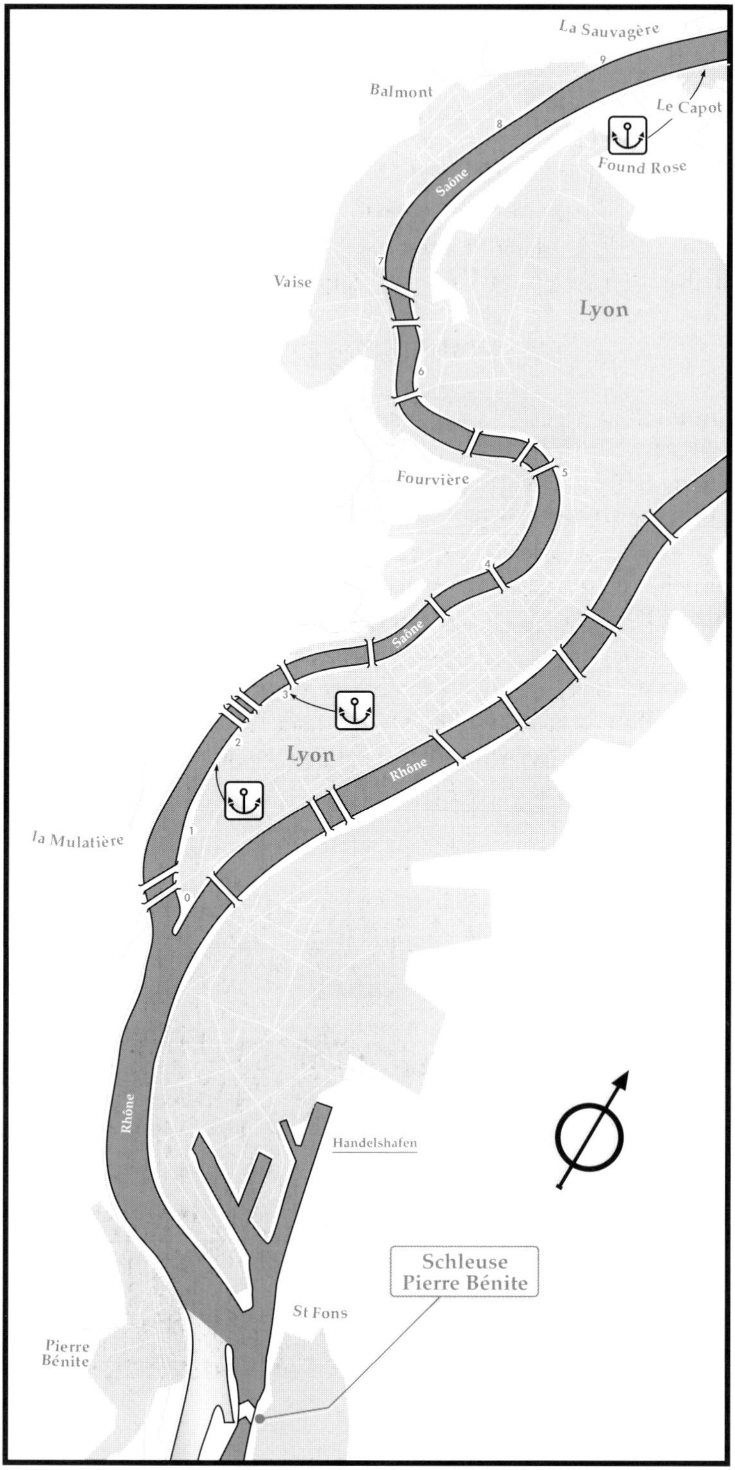
La Sauvagère
9
Balmont
Le Capot
8
Found Rose
Saône
7
Vaise
Lyon
6
Fourvière
5
4
Saône
3
2
Lyon
Rhône
1
la Mulatière
0
Rhône
Handelshafen
Schleuse
Pierre Bénite
St Fons
Pierre
Bénite

sichtigen will. Es liegt nur einige hundert Meter von der Schleuse entfernt. Das bis dahin so weite Tal des Flusses wird zum ersten Mal seit Beginn seiner Schiffbarkeit enger. An den Hängen sind Bauten zu sehen, in denen nicht unbedingt die Ärmsten der Armen wohnen. Mit der Verengung des Tals wird auch der Flußlauf schmaler. Eine Insel teilt Fluß und Fahrrinne, die Richtung wird durch die bekannten Pfeile angegeben.

Meister Bocuse in Sicht

Unmittelbar unterhalb der Insel am Westufer liegt ein unübersehbarer Schwimmsteg. Es ist der Zugang vom nassen Element zu einem Gourmet-Tempel: Gleich die Uferböschung hinauf – und schon steht über der Straße ein farbiges Haus, in dem sich das Restaurant von Paul Bocuse befindet. Dieser wohl bekannteste Koch der Gegenwart treibt einen heftigen Kult um sich selbst: Nicht nur, daß sein Name in großen goldenen Lettern außen am Hause prangt – der Meister hat sich obendrein lebensgroß von einem Maler an der Hauswand verewigen lassen. Sein Abbild schaut fröhlich auf die nahenden Gäste herab.
Zwei Kilometer weiter flußab liegt eine weitere Insel mitten im Fluß. Die Berufsschiffahrt ist gehalten, sie rechts liegen zu las-

Lyon mit alter Schleuse Ile Barbe

sen. Aber auch die schmalere Durchfahrt ist für die Sportschifffahrt in einer betonnten engen Fahrrinne passierbar. Unterhalb muß den gekennzeichneten überfluteten Resten eines alten Wehrs ausgewichen werden. Auf gleicher Höhe liegt am Westufer die dazugehörige ehemalige Schleuse. Sie beherbergt eine Marina, aber Durchreisende werden wenig Chancen auf einen freien Platz haben: Zu viele gescheiterte Träume von Weltumsegelungen oder wenigstens von Mittelmeertörns liegen an den Ketten.
Von hier sind es etwa noch zehn Kilometer bis zur Mündung der Saône in die Rhône mitten in der Millionenstadt. Einen ruhigen Liegeplatz wird man hier vergebens suchen, einen Sportboothafen gibt es innerhalb der Stadt auf der Saône nicht. Wer unbedingt einen Stadtbummel machen möchte, kann in der Nähe der Pénichen in der Nähe dreier unmittelbar hintereinander folgender Brücken anzulegen versuchen.
Hier, etwa 2,5 Kilometer vor der Mündung der Saône in die Rhône, liegt auch ein Tankschiff. Die Schiffer warten dort mit ihren Lastkähnen auf Aufträge aus der oberhalb der Brücken gelegenen Frachtbörse am östlichen Ufer. Dort kann man auch Wasser bunkern.

Anleger am Restaurant von Bocuse

Es würde den Rahmen dieses Führers sprengen, sich mit Geschichte und Gegenwart der Stadt Lyon auseinanderzusetzen. Klar, daß die mehr als zweitausendjährige Vergangenheit dieser Siedlung am Zusammenfluß zweier Ströme zahlreiche Spuren hinterlassen hat. Die Zahl der Museen, Theater, Kirchen und weltlicher Bauwerke ist Legion. Was der Besichtigung wert ist und wo es liegt, entnehme man einem Reiseführer über die Stadt.

Am Zusammenfluß von Rhône und Saône mitten in Lyon kommt man ins Grübeln, welcher Fluß denn nun in welchen mündet. In der Tat ist die Saône wasserreicher. Aber die Rhône hat von ihrem Ausganspunkt, dem Rhône-Gletscher im schweizerischen Wallis, schon ein paar wenige Kilometer mehr zurückgelegt als die Saône von ihrer Quelle. Durchgehend schiffbar bis zum Mitelmeer ist die Rhône aber erst ab Lyon mit Hilfe der Wasser der Saône.

Das Restaurant von Paul Bocuse

Die Doubs-Mündung

Das Ende der Wildheit

Der Doubs (sprich: Duh) ist der wichtigste Nebenfluß der Saône. Er entspringt im Jura-Gebirge und ist immerhin 430 Kilometer lang. Sein Unterlauf ist auf mehr als hundert Kilometer Länge durch Wehre und Schleusen schiffbar gemacht. Dieser Teil des Rhein-Rhône-Kanals zwischen Isle-sur-le-Doubs und Dôle gilt mit seinen Mäandern zwischen der bezaubernden Mittelgebirgslandschaft als einer der schönsten Wasserwege Europas. Durch den geplanten Ausbau zur Großschiffahrtsstraße zwischen Mittelmeer und Nordsee würde die natürliche Schönheit ein für allemal zerstört.

Die letzten 17 Kilometer von Dôle zur Saône sind reine Kanalstrecke, während der Doubs südlich davon zu seiner Mündung mitten in Verdun-sur-le-Doubs fließt. Dieser Teil des Flusses ist nicht reguliert. Durch den Aufstau von der Saône herauf kann man aber von der Mündung her von Verdun aus den Doubs etwa zehn Kilometer aufwärts fahren. Diese Strecke dient insbesondere der Gewinnung von Sand, den der Doubs vor allem zu Zeiten von Hochwasser mit sich führt und sowohl im schiffbaren Teil auf wechselnden Sandbänken als auch im weniger reißenden Unterlauf ablagert.

Offiziell wird der mögliche Tiefgang mit 1,80 Meter angegeben. Den beladenenen Sandkähnen mit ihren stählernen Rümpfen macht es aber wenig aus, wenn sie unterwegs ein bißchen über den Grund schleifen. Sinnvollerweise hält man sich in Booten aus Kunststoff unterwegs in der Flußmitte und nähert sich mit Umsicht dem Ufer, wenn man im Grünen anlegen will.

Die Gegend mit ihren Viehweiden ist ländlich wie im Bilderbuch. In den Dörfern Sermesse und Saunières, die nach etwa fünf Kilometern flußauf zu beiden Seiten liegen und durch eine Brücke verbunden sind, gibt es Einkaufsmöglichkeiten und Restaurants. Etwa zweieinhalb Kilometer weiter beim Dorf Pontoux ist die offiziell schiffbare Strecke beendet. Mit geringem Tiefgang, wie ihn die gecharterten Hausboote haben, kann man sich aber durchaus bis zur Eisenbahnbrücke von Navilly bewegen. In diesem Ort gibt es nicht nur das lebensnotwendige Brot, sondern auch den Belag darauf – oder aber man läßt die Küche kalt und sich bedienen.

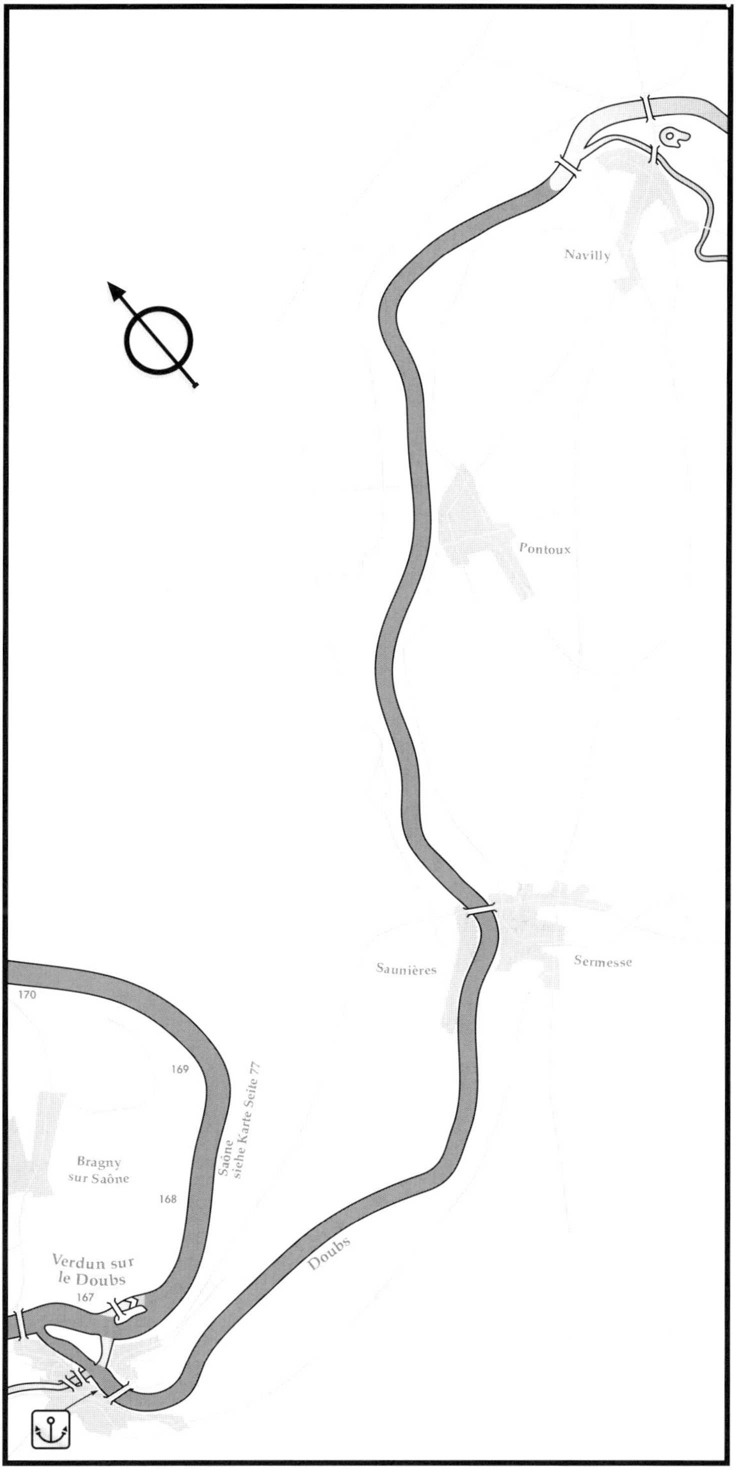
Navilly
Pontoux
Saunières
Sermesse
170
169
Saône
siehe Karte Seite 77
Bragny
sur Saône
168
Verdun sur
le Doubs
167
Doubs

Die Seille

Freizeitschiffer unter sich

Die Seille ist der zweite schiffbare Nebenfluß der Saône. Sie ist von dem Städtchen Louhans auf 39 Kilometern bis zur ihrer Mündung zwischen Tournus und Mâcon zu befahren. Außer der untersten Schleuse gegen die Saône hin haben die übrigen drei nur eine Länge von 30,40 Metern. Die traditionellen französischen Lastkähne können also nur die unteren dreizehn Kilometer des Flusses befahren.
Frachtschiffe sind nicht mehr regelmäßig unterwegs, aber ein Ausflugsboot, das aus Tournus Bustouristen entweder durch den Kanal von Pont-de-Vaux oder ein Stück die Seille hinaufschippert. Es muß aber unterhalb der Schleuse Nummer 2 von Cuisery umdrehen.

Im Mittelpunkt der Geflügelzucht

Die offizielle Schiffbarkeit beginnt mitten in der Stadt Louhans oberhalb der parallel den Fluß kreuzenden Eisenbahn und Straßenbrücke. Die Wassertiefe mag wohl ausreichen, die Brücken zu unterqueren, aber die lichte Höhe könnte für Boote mit aufgesetztem Ruderhaus kritisch werden. Es gibt auch kei-

Louhans

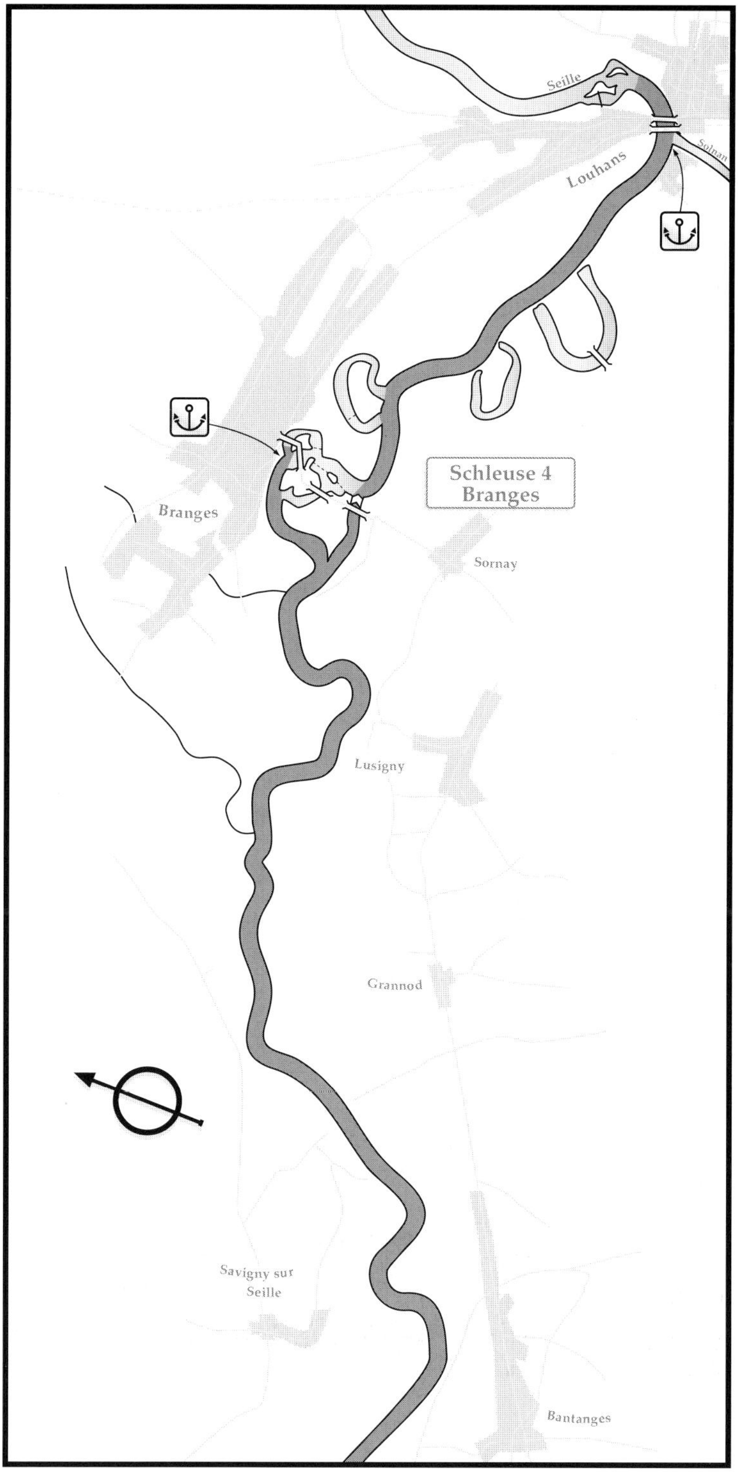
Seille
Solnan
Louhans
Schleuse 4
Branges
Branges
Sornay
Lusigny
Grannod
Savigny sur
Seille
Bantanges

nerlei Grund, so weit zu fahren, weil der städtische Anlegeplatz kurz davor am – in Flußrichtung gesehen – linken Ufer ist. Hier wurden Schwimmstege ausgelegt, und es gibt auch Trinkwasser. Es sind nicht mehr als ein paar hundert Meter bis ins Stadtzentrum. Dabei geht es zunächst über eine Brücke des Seille-Nebenflusses Solnan. Dann steht man vor der Eisenbahnstrecke. Folgte man dem Autoverkehr, müßte man sich nach rechts halten und einen ordentlichen Umweg machen. Es gibt aber für Fußgänger und Radfahrer einen schmalen Tunnel – unter den Schienen hindurch unmittelbar am Flußufer. Danach steht man auf dem Bahnhofsvorplatz und dem Eingang zum alten Stadtkern.
Das Bahnhofsgebäude ist seiner Funktion beraubt, denn es gibt keinen Personenverkehr mehr nach Louhans. Dafür donnern Güterzüge über die Seille-Brücke, was vom nahegelegenen Bootsliegeplatz aus durchaus als störend empfunden werden kann.
Die Stadt mit ihren typischen Arkaden und vielen alten, mehr oder weniger gut erhaltenen Häusern aus unterschiedlichen Epochen macht einen lebendigen Eindruck. Auffälligstes Gebäude ist zweifellos die Kirche aus dem 15. Jahrhundert mit ihrem Dach aus bunten glasierten Ziegeln. Das historisch wert-

Auf der Seille

vollste Haus ist womöglich das barocke Hospital mit seiner Apotheke, alten Möbeln und Fayencen.
Louhans ist ein Zentrum der Geflügelzucht und des Handels mit dem typischen Bresse-Huhn. In dieser Gegend wurde schon lange vor der Diskussion über artgerechte Haltung und Futterskandale festgelegt, daß dieses Geflügel in Bodenhaltung aufgezogen und nur mit Mais gefüttert werden dürfe. Für ein echtes Bresse-Huhn bezahlt man etwas mehr. Jeden Montag ist auf dem Markt von Louhans Gelegenheit, sich frisch damit zu versorgen.
Auf dem Weg zur dreieinhalb Kilometer entfernten Schleuse Nummer 4 von Branges gibt es nichts Bemerkenswertes. Insgesamt drei weite Flußbogen wurden einst beim Ausbau begradigt. Auf dem linken Ufer, wo der Treidelpfad verlief, sind sie vom Fahrwasser abgetrennt. Weiter flußab am rechten Ufer kann man in ein Altwasser hineinfahren, aber nur mit einem Beiboot ohne Motor.
Dann kommt auch schon die Schleuse in Sicht. Sie befindet sich am oberen Ende des Schleusenkanals. Unmittelbar davor biegt der Flußlauf nach rechts ab. Er verzweigt sich mehrfach, fließt über Wehre und durch eine alte Mühle und unmittelbar am Ort Branges vorbei, wo sich eine Charterbasis befindet. Sie läßt

Schleuse 4 Branges

sich aber nur erreichen, wenn man am unteren Ende des Schleusenkanals im rechten Winkel abbiegt und den Fluß etwa einen Kilometer hinauffährt. Der Ort bietet Einkaufsmöglichkeiten und auch zwei Restaurants, und man liegt ruhiger als in Louhans. Allerdings kostet die Übernachtung Gebühr. Weniger ratsam ist es, hier Freitag oder Samstag für längere Zeit anzulegen, da an diesen Wechseltagen für Charterboote viel Betrieb ist.

Liegeplatz mit Schloßblick

Von Branges geht es über eine Stauhaltung von über siebzehn Kilometern durch ländliches Gebiet ohne größere Sehenswür-

Schleuse 3 Loisy

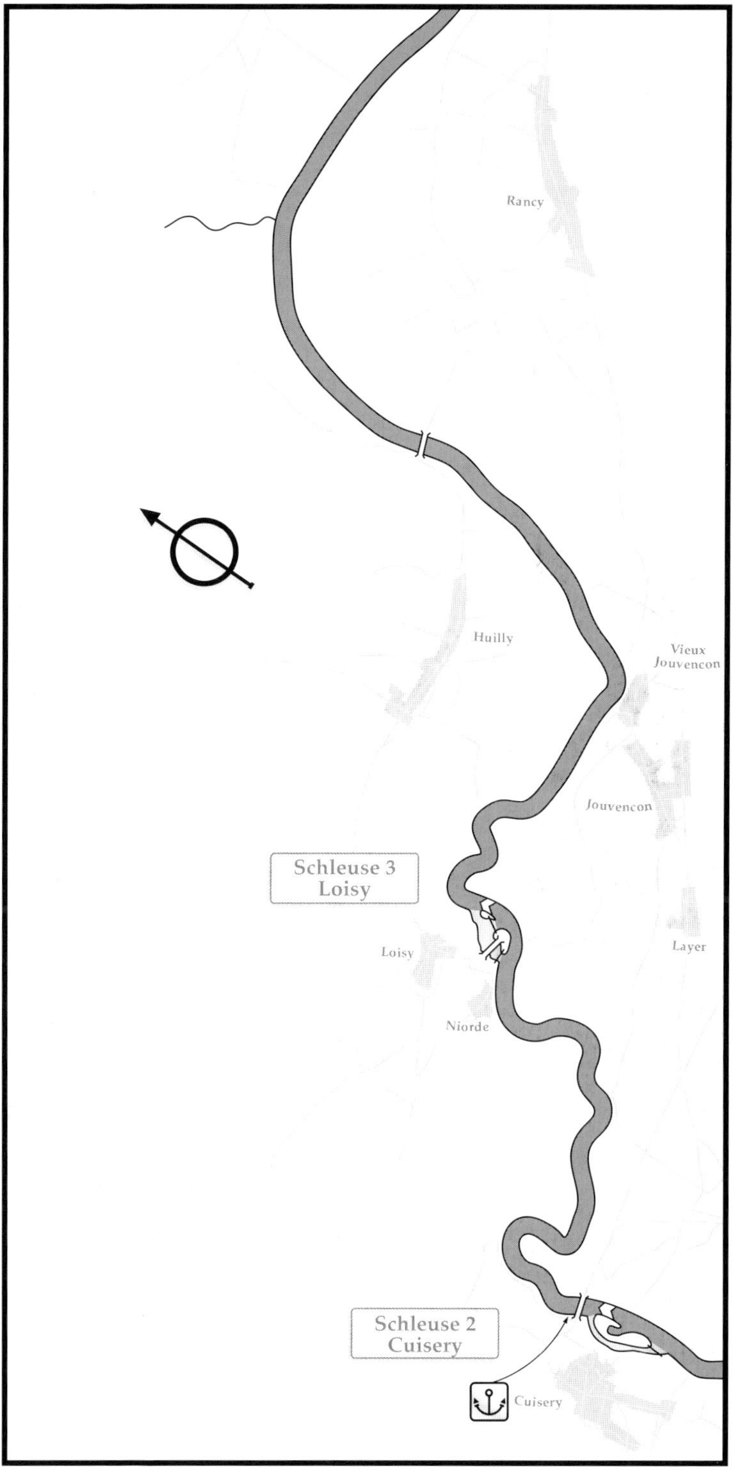

Rancy
Huilly
Vieux Jouvencon
Jouvencon
Schleuse 3 Loisy
Loisy
Layer
Niorde
Schleuse 2 Cuisery
Cuisery

digkeiten. Die Seille schlängelt sich zunächst in kleineren Bogen durch die Wiesen und fließt später in zwei größeren auf Loisy zu, dessen auf dem Berge liegendes Schloß schon von weitem eine Landmarke bildet. Unmittelbar vor der Schleuse läßt sich zu beiden Seiten der Tore ein Liegeplatz mit kostenlosem Schloßblick finden.
Die Schleuse Nummer 3 von Loisy muß wie die bereits durchfahrene Nummer 4 von Branges und die noch folgende Nummer 2 von Cuisery ganz allein von Hand bedient werden. Tatsächlich kommt es immer wieder vor, daß Unerfahrene die Tore und Schieber in falscher Reihenfolge bedienen. Wir haben selbst erlebt, wie eine unerfahrene Crew fröhlich die unteren Schieber öffnete, ohne die oberen zuvor zu schließen. Deshalb erklären wir es hier:
Bei der Einfahrt von oben müssen das untere Tor und die Schieber geschlossen sein. Der Wasserstand in der Kammer muß dem des Flusses oberhalb entsprechen – sonst ließe sich weder das obere Tor öffnen, noch könnte man mit dem Schiff einfahren. Ist das nicht der Fall, muß der Wasserstand ausgeglichen werden, indem die Schieber des oberen Tores nach oben gekurbelt werden. Danach kann das Tor vom Land aus geöffnet werden. Das Schiff fährt ein, die Tore werden wieder geschlossen und die Schieber mit Hilfe der Kurbeln auf den beweglichen Portalen wieder nach unten gesenkt.
Nachdem das Schiff vorn und achtern an zwei Pollern an der Schleusenwand locker vertäut worden ist, können die Schieber des unteren Tores nach oben gekurbelt werden. Das Wasser fließt nach unten aus der Kammer ab. Mit dem Wasserstand sinkt auch das Schiff, weshalb die Leinen nie fest verknotet werden dürfen. Vielmehr läßt man sie locker aus der Hand laufen, achtet aber darauf, daß der Schiffsrumpf parallel zur Schleusenwand liegt und vor allem nicht durch den – allerdings schwachen – Sog gegen das untere Schleusentor gedrückt wird.

In Ruhe eins nach dem andern tun!

Aufwärts geht alles umgekehrt vor sich: Untere Tore öffnen, einfahren, schließen, auf herabgelassene Schieber achten. In diesem Fall kann das Schiff fest vertäut werden. Sobald das

Wasser aus den geöffneten oberen Schiebern in die Kammer strömt, wird der Druck namentlich auf die belegte Vorleine zunehmen. Sie gehört nicht in Kinderhand, denn mit steigendem Wasserspiegel muß laufend nachgegriffen und dichtgeholt werden, damit das Schiff nicht in Schlingerbewegungen gerät und gegen die Schleusenwand schlägt. Das gleiche muß auch mit der Achterleine geschehen, ist dort aber wegen des geringeren Drucks leichter. Ein Schleusentor läßt sich grundsätzlich erst bei ausgeglichenem Wasserstand öffnen. Vorheriges ungeduldiges Rucken vergeudet unnötige Kräfte. Überhaupt sollten wir es an dieser passenden Stelle noch einmal unterstreichen: So wie bei allen Manövern auf dem Wasser ist auch in der Schleuse Hektik von Übel. In Ruhe eins nach dem andern tun, sei das Motto. Das fällt auf der Seille umso leichter, weil man sicher sein kann, daß alle anderen auch zum Spaß unterwegs sind und es weit und breit keine Berufsschiffahrt gibt. Die Schiffer handeln zwar auch bedächtig, aber für sie ist Zeit wirklich Geld.
Das Dorf Loisy läßt sich leider von der Schleuse aus nicht erreichen. Zwar ist das zeitweise trockenfallende Wehr zu Fuß zu überwinden, aber das anschließende Mühlengrundstück ist umzäunt, so daß der örtliche Lebensmittelhändler leider auf Kundschaft von der Wasserseite verzichten muß.

Brücke von Cuisery

Einkaufen ist leichter im nächsten Ort Cuisery, fünf Kilometer flußabwärts. Schleuse, Wehr und Mühle sind beinahe nach dem gleichen Plan angelegt wie in Loisy. Vor der Straßenbrücke hat die Gemeinde einen Steg ausgelegt. Es gibt dort auch einen Campingplatz. Beides wurde, als wir dort vorbeifuhren, von einer hilfsbereiten Madame im Auge behalten. Obwohl wir außerhalb der Saison unterwegs waren, achtete sie darauf, daß wir mit dem Heck zum Ufer festmachten, um den wertvollen Platz am schwimmenden Steg nicht zu vergeuden. Immerhin zog sie kräftig an unseren ausgebrachten Leinen, was auch nötig war, da sich ängstliche Leichtmatrosen nicht an Land wagten, weil ein riesiger Hund ständig unmittelbar neben ihr blieb.

Wasserfassen kostet hier Geld, ebenso das Liegen über Nacht und ein Aufenthalt tagsüber, wenn er länger als eine Stunde dauert.

Hinter der Straßenbrücke teilt sich das Wasser in Schleusen- und Mühlenkanal. Die Schleuse muß wiederum allein und von Hand bedient werden. Nicht erschrecken, wenn unterhalb der Kammer plötzlich ein für diese Gegend erschreckend großes Wasserfahrzeug auftaucht! Es ist das Ausflugsschiff aus Tournus, das zwar die Einfahrtsschleuse von der Saône in die Seille

Festmachen am Ufer

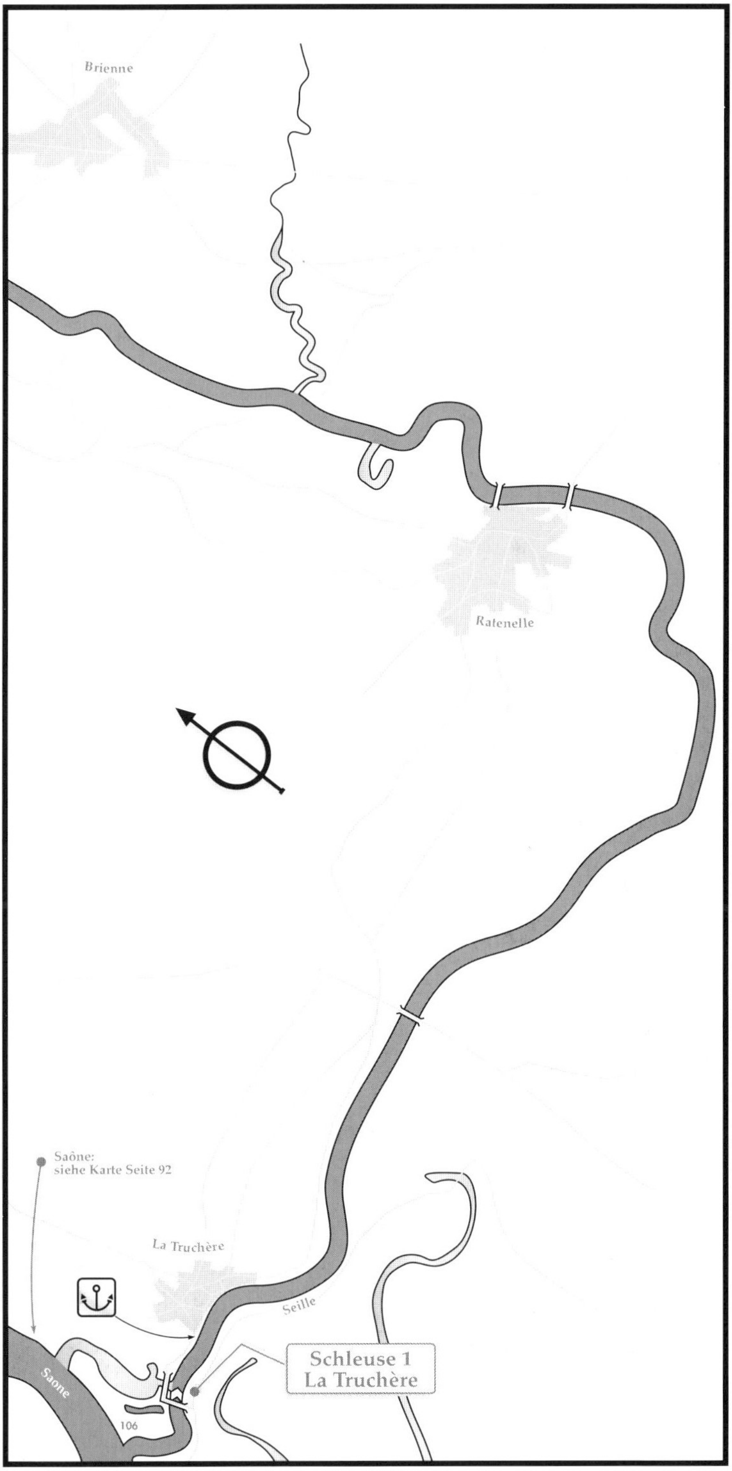
Brienne
Ratenelle
Saône:
siehe Karte Seite 92
La Truchère
Seille
Saone
106
Schleuse 1
La Truchère

passieren kann, in die übrigen, nur dreißig Meter langen Kammern aber nicht hineinpaßt. Es muß also unterhalb der Schleuse von Cuisery drehen.

Die reine Natur

Nun geht es die verbleibenden reichlich zwölf Kilometer bis zur Saône-Mündung durch die reine Natur – freilich nicht im Sinne von naturbelassen, sondern durch landwirtschaftlich genutztes Gebiet und an Wäldern vorbei. Vogelliebhaber mit offenen Augen kommen hier auf ihre Kosten. Graureiher und Eisvögel sind bald keine Sensationen mehr.
Zunächst fließt die Seille beinahe genau nach Süden auf das Dorf Ratenelle zu. Nachdem eine alte Eisenbahnbrücke durchquert ist, folgt eine Straßenbrücke. Unterhalb derer läßt es sich mit etwas Mühe am Westufer festmachen. Sinnvollerweise richtet man den Bug zum Ufer und holt dann das Heck mit der Achterleine etwas dicht. Statt Poller, die es nicht gibt, lassen sich die jungen Bäume und die an Bord befindlichen Metallstäbe am Ufer zum Festmachen nutzen.

Schleuse La Truchère

Ratenelle ist ein etwas auseinandergezogenes Dorf, in dem es sogar eine Gastwirtschaft gibt. Die Wirtin muß aber gute Laune haben, damit sie hungrigen Bootsfahrern etwas kocht.

Sternenklarer Himmel

Unterhalb von Ratenelle wendet sich die Seille auf ihren letzten Kilometern nach Westen und nunmehr in beinahe rechtem Winkel der Saône zu. Wer hier mit Vorsicht anlegt, ist mit den am Ufer weidenden Rindviechern auf Tuchfühlung. Einen entsprechenden Weckruf findet man nicht allerorten, auch nicht die Aussicht von der Frühstückstafel auf eine draußen gemächlich grasende Herde.

Die Dunkelheit ringsum führt in klaren Nächten zu einer herrlichen Sicht auf die Sterne. Blinkende Lichter von Flugzeugen, lautlos dahinziehende Erdsatelliten und blitzschnell verglühende Sternschnuppen beleben das Firmament.

Im Dorf La Truchère unmittelbar vor der Mündung in die Saône gibt es im Restaurant unmittelbar am Fluß ein Brotdepot. Am Schwimmsteg kurz danach hat eine kleine Charterbasis ihren

Brücke und Wehr von La Truchère

Sitz, die in der Saison auch einen bescheidenen Lebensmittelhandel betreibt. Wasserfassen und Anlegen über Nacht sind gebührenpflichtig.
Zum letzten Mal teilt sich die Seille. In nördlicher Richtung fällt das Wasser unter einer Brücke über ein Wehr, um danach endgültig der Saône zuzufließen. Die Schiffahrt hält sich dem Pfeil entsprechend eher südlich. Es geht zunächst durch die alte kurze Kammer in die bestehende Schleuse mit dem Maß von knapp vierzig Metern für die traditionelle französische Frachtschiffahrt. Diese Schleuse Nummer 1 ist bemannt, aber der Wärter sträubt sich nicht, wenn die Besatzung kräftig beim Kurbeln hilft.
Wer von unten kommt, kann über eine Leiter auf der rechten Seite der Schleuse nach oben klimmen, um erst beim Öffnen der Schieber und Tore und dann beim Annehmen der Leinen zu helfen. Die Zufahrt von der Saône zur Schleuse ist recht verschlammt und wird wohl in absehbarer Zeit ausgebaggert werden müssen. Zur Fahrrinne auf den großen Strom hin sind auf jeder Seite drei recht kleine Tonnen ausgelegt. Wer von der Saône in die Seille einbiegen will, kann sie nicht verfehlen: Sie liegen ziemlich genau gegenüber der Markierung des Stromkilometers 106. Außerdem ist vom großen Fluß aus die Schleuse zu erkennen.

Ehemalige Mühle an der Seille

Register